나의 첫 특허 수업

나의 첫 특허 수업

초판 1쇄 인쇄 2024년 3월 20일
1쇄 발행 2024년 4월 5일

지은이 김태균

펴낸이 우세웅
책임편집 강진홍
기획편집 김휘연
콘텐츠기획·홍보 김세경
디자인 박정호

종이 페이퍼프라이스㈜
인쇄 ㈜다온피앤피

펴낸곳 슬로디미디어
신고번호 제25100-2017-000035호
신고년월일 2017년 6월 13일
주소 경기 고양시 덕양구 청초로66, 덕은리버워크 지식산업센터 A동 15층 18호

전화 02)493-7780
팩스 0303)3442-7780
전자우편 slody925@gmail.com(원고투고·사업제휴)
홈페이지 slodymedia.modoo.at
블로그 slodymedia.xyz
페이스북·인스타그램 slodymedia

ISBN 979-11-6785-184-0 (03320)

15년 차 특허 전문가가
알려주는 특허 이야기!

나의 첫 특허 수업

김태균 지음

슬로디미디어

추천사

당신만의 경쟁력을 높여줄 강력한 무기, 특허. 우리가 사는 세상은 개인과 기업 모두에게 매우 치열한 경쟁의 각축장이다. 그러므로 무엇인가 나만의 무기가 있다면 자신의 길을 개척하고 기업을 운영하는 데 도움이 된다. 이때 가장 필요한 무기가 특허다.

30년 넘게 연구 개발과 특허 업무를 담당한 경험을 바탕으로 대학 기술사업화 센터장을 맡으며 느끼는 것은, 개인이나 기업을 드러낼 수 있는 방법 중 가장 효과적인 것은 특허라는 것이다.

그렇기 때문에 특허를 알고 잘 쓸 수 있도록 배워나가는 것은 무엇보다 중요하다. 이런 노력의 시작은 빠를수록 좋다.

자라나는 청소년부터 연구자, 청년 창업자에 이르기까지 특허의 개념을 이해하고 필요할 때 언제든 활용할 수 있도록 준비하는 것이 매우 중요하다. 살면서 수없이 듣고 경험하게 되는 특허를 자신의 든든한 활용 무기로 가지는 일이기 때문이다.

지금까지는 특허를 익히기 위해 어려운 전문 서적으로 공부하거나 실무를 경험하며 몸으로 부딪혀야만 자유자재로 활용할 수 있는 전문가가 될 수 있었다.

이 책을 읽으며 특허에 관한 내용을 이렇게 쉽고 논리적으로 전개할 수 있다는 것이 놀라웠고, 다른 한편으로는 30년 전에 이 책을 접할 기회가 주어졌다면 얼마나 좋았을까 하는 아쉬움을 느꼈다. 기본 개념에서 시작해 심도 있는 핵심 원리를 넘어 특허를 회사 경영으로 이어가는 특허 경영까지 설명하고, 퀴즈나 체험하기 등으로 쉽게 익힐 수 있게 구성하여 한 번 읽으면 특허의 큰 그림을 파악할 수 있다.

필자가 다양한 특허 업무 경험을 통해 얻은 지식과 노하우를 청소년뿐 아니라 특허 관련 지식이 없는 일반인도 어렵지 않게 익힐 수 있도록 잘 풀어낸 점이 무척 매력적이다.

이 책으로 인해 청소년 때부터 특허의 개념을 잘 이해하고 자신의 경쟁력을 키워가며 국가 발전에도 한몫하는 기여자로 우뚝 설 수 있기를 바란다.

아주대학교 기술사업화 센터장

윤성호

책을 시작하며

일상생활을 하다 보면 TV, 뉴스, 라디오, 책 등에서 '지식재산', '특허', '저작권', '상표', '디자인권' 등의 단어를 자주 접할 수 있다. 나는 그때마다 사람들이 이 말의 의미를 얼마나 이해하는지 궁금했다. 나도 해당 분야 일을 직업으로 하지 않았다면 특허에 대해 '뭔가 좋은 것이구나!' 정도로 생각했을 것이고, 특허를 확보한 사람이 대단하다고만 생각하며 큰 의미를 두지 않고 지나쳤을 것이다.

이전에 소프트웨어 엔지니어였다가 특허 분야에서 15년 넘도록 경험을 쌓은 후 생각해보니, 막연하고 멀게만 느껴지는 특허의 개념을 조금만 쉽게 설명하면 많은 사람이 잘 이해할 수 있을 듯했다. 또 사람들이 그렇게 얻은 지식을 활용하여 스스로 발전할 기회를 얻고, 더 나아가 세상을 살기 좋게 만들 수 있겠다고 생각하기 시작했다.

시중에 판매되는 특허 관련 서적을 보면 어려운 용어와 법령이 나열되어 넘겨보기도 싫은 경우가 많다. 지식재산을 확보하면 평생 큰 돈을 벌 수 있는 것처럼 홍보하며 자극적으로 마케팅하기도 한다. 또 특허에 관한 개념이 무척 어렵기 때문에 일부 서적은 물건 만드는 '발명' 단계까지만 설명하며 독려하는 정도에 그친다.

발명품이나 논문이 아무리 훌륭해도 특허를 획득하기 위한 과정을 거치지 않으면 내 재산이 될 수 없다. 또 고민 없이 얻은 특허로는 절대 돈을 벌 수 없다.

이 책에서 쉽게 설명하기 힘든 특허 개념을 이야기할 때는 해당 부분을 제외해야 할지 고민할 때가 많았다. 하지만 붕어빵의 겉에 금칠이 되어 있다고 한들 팥이 거의 없으면 달콤한 맛을 느낄 수 없듯, 어려워도 모든 내용을 포함하는 것이 독자가 특허 본연의 맛을 느낄 수 있도록 해주는 길이라고 생각했다.

많은 사람이 특허가 어렵다고 이야기하면서 관련 책 읽기를 주저한다. 그렇지만 특허의 세계는 일반인이 이해하지 못할 만큼 어렵지 않고 지극히 논리적이고 합리적이다. 따라서 이야기를 듣듯 이 책을 가볍게 읽어 내려가면 개념들을 쉽게 이해하고 보람을 느낄 수 있다.

특허에 관한 지식은 한번 알아두면 계속 고민을 같이해주는 '친구'와 같은 존재다. 그래서 이 책에서는, 특허와 관련하여 처음에는 일반인이나 다름없었던 내가 차근차근 실무 경험을 쌓으며 익힌 지식들을 이해하기 쉽게 이야기처럼 풀어냈다. 이 책이 미래를 만드는 독자들에게 큰 힘이 되기를 바란다.

김태균

특허 활용 로드맵
-왜 특허를 알아야 할까

고등학생

* 고교 학점제, 진로 개척을 위한 공동 교육과정 강좌(지식재산 등)를 수료하고 교내 발명 대회에도 참가하여 자신이 대학이 원하는 융합형 인재라는 것을 보여주자.
* 기술적 문제를 발견하고 해결하는 원리, 기술을 가치화하는 과정과 법적 해석 논리를 터득하여 수능 국어(비문학 영역)와 논술, 면접에 대비하자.
* 교외 학생 발명 경진 대회 등을 통해 자신의 아이디어를 인정받아 상금뿐 아니라 전문적인 과학·특허 교육을 지원받자. 또한 발명을 제품으로 만들 기회를 얻을 수 있고 기업가로 성장할 가능성을 확인할 수도 있다.

대학생과 대학원생

* 기술적으로 좋은 아이디어가 떠올랐거나, 연구하는 기술에서 좋은 성과가 나면 특허 컨설팅 및 권리화 지원 사업을 찾고 특허로 첫 무형자산을 만들어보자.
* 특허권에 기반한 대학 창업 지원 사업에 지원하여, 다른 친구들이 취업을 준비할 때 CEO가 될 수 있는 기회를 얻자.
* 기업은 특허 등 무형자산을 중요시한다. 특허권 보유를 통해 자신의 능력을 강조하여 토익, 자격증과 차별화되는 나만의 특·장점을 어필하여 취업에 성공하자.

연구자와 교수

* 연구 결과를 논문으로 발표하기 전에 특허로 만들어보자. 그리고 좋은 특허를 홍

보하고 기업으로 특허 기술이전을 시도하여 ① 특허 기술료로 목돈을 벌거나 평생 연금처럼 수익을 얻고, ② 특허 기술이전을 성사시켜 나에 대한 개인 평가와 부서 평가에서 좋은 결과를 얻고, ③ 정부 과제의 각종 사업에서 좋은 평가를 받아 연구 과제를 안정적으로 확보하자.

* 집중하고 있는 연구 분야에서 여러 건의 핵심 특허권을 확보하고 이를 기반으로 창업에 도전해보자. 정부에서 권장하는 연구소 창업, 교원 창업 등을 통해 또 다른 삶을 개척해보자.

스타트업 창업자와 기업 경영자

* 치열한 경쟁 환경에서 기업의 주요 제품에 대한 특허를 다양하게 확보하자. 해외 특허도 함께 확보하여 ① 특허를 기업의 자산으로 만들어 기업 가치(홍보 등 활용)를 높이고, ② 경쟁 기업이 함부로 침범할 수 없는 독점적 판매 권리를 확보하고, ③ 성장을 위한 투자 유치와 정부 지원 사업 수주로 자금을 확보하자.

회사원과 개인

* 문과적 소양과 이과적 지식이 모두 요구되는 회사 생활을 하며 특허에 관한 지식을 익히고, 신규 사업이나 상품을 기획할 때 특허 정보를 활용하여 충실도를 높이자. 직장에서 자신의 능력을 드러낼 수 있을 것이다.
* 투자할 기업의 특허권을 검색하여 특허권을 많이 확보하고 있다면 기술 경쟁력과 사업성이 있다고 판단할 수 있다. 특허 경쟁력을 분석하여 유망한 투자 기업을 선택하자.
* 아이가 "지식재산이 뭐야?", "특허가 뭐야?"라고 물을 때 답할 수 있는 기본 지식을 익혀 자신뿐 아니라 아이에게 좋은 영향력을 전할 수 있는 멋진 부모가 되자.

차례

추천사 × 4
책을 시작하며 × 6
특허 활용 로드맵–왜 특허를 알아야 할까 × 8

PART 1
이야기로 알아보는 특허의 기본

01 아빠, 그 정도는 나도 알아! × 17
02 머릿속 지식이 재산이 된다 × 19
03 특허를 친근하게 만들어주는 발명 교실과 발명 경진 대회 × 22
04 발명 경진 대회 수상작은 자동으로 특허가 될까 × 24
TIP 특허권을 얻을 수 있는 발명의 전제 조건 × 26
05 지식재산의 종류 × 27
예술 작품에 관한 저작권 × 28
기술적으로 새롭고 좋아진 것에 관한 특허권 × 30
미적으로 표현한 것에 관한 디자인권 × 33
물건을 구별해주는 상표권 × 34
06 어른들 세상의 규칙–특허제도에 관하여 × 38
첫 번째 할 일: 특허출원 × 39
두 번째 할 일: 특허 심사 × 40
07 특허권에 지불해야 하는 대가 × 42
08 특허 절차 속도 조절 × 45
심사를 앞당기는 우선 심사 신청 × 46
심사를 늦추는 심사 유예 신청 × 48
특허 공개를 앞당기는 조기 공개 신청 × 49
09 특허에도 생애가 있다–권리 유효기간 × 52
10 출원서를 제출만 해도 권리가 생긴다 × 55
11 권리 기간이 너무 짧다면 × 58

PART 2
퀴즈로 알아보는 특허의 핵심 개념

01 특허 심사 과정 × 65
자격 요건 검사와 비슷한 방식 심사 × 67
필기 시험 및 면접과 비슷한 실체 심사 × 67
TIP 진보성 요건을 점검하는 세 가지 물음 × 71
TIP 특허출원 전에 해야 하는 선행 문헌 검색 × 74
02 특허출원은 무조건 빨리하자 × 78
출원은 최대한 빠르게 × 79
특허출원 전에 기술을 공개하면 안 되는 이유 × 81
TIP 임시 명세서 출원 제도 × 83
03 특허출원서 작성, 유형을 알면 답이 보인다 × 85
물건(물질)에 대한 특허 유형 × 87
물건(물질)의 제조 방법에 관한 특허 유형 × 89
물건(물질)의 다른 쓰임새를 발견한 용도 특허 유형 × 90
04 글짓기를 잘하면 좋은 특허를 얻는다 × 92
기술을 요약하고 구조화하는 청구 범위 × 94
기술을 구체적으로 설명해주는 발명의 설명 × 98
전체와 세부 구성을 보여주는 도면 × 99
05 심사관에게 전하는 협상 카드, 청구 범위 × 100
나무의 몸통인 독립항과 나뭇가지인 종속항 × 101
TIP 청구 범위를 작성할 때 주의할 사항 × 104
좋은 특허란 무엇일까 × 105
06 특허 심사는 협상 과정이다 × 108
의견서 제출 × 111
보정서 제출 × 111
유용한 심사 대응 정보 알아보기 × 113
07 청구 범위 내용은 모두 내 권리일까 × 115

PART 3
특허 경영 체험-융합형 인재 되기

01 창업 전 점검-특허로 돈을 벌 수 있을까 × 123
특허의 가치, 어떻게 결정될까? × 126
02 특허권, 뭉치면 가치가 올라가요 × 132
특허권을 활용한 방어와 공격에 유리하다 × 133
묶음 특허는 판매에도 유리하다 × 134
특허권이 무효화되는 경우에 대비할 수 있다 × 135
03 드디어 사장이 되다 × 136
04 내 특허를 누군가 몰래 사용하고 있다 × 139
타사 제품의 특허 침해 입증 × 141
05 특허권 사용료를 내놓으라고? × 145
비침해 주장 × 146
무효 입증 × 147
회피 설계 × 148
06 경쟁사와 특허권을 공유하다 × 149
07 특허권을 홍보에 활용하자 × 151
08 특허권으로 자금 확보하기 × 154
특허권을 담보로 돈을 빌리자 × 154
투자 유치나 정부 R&D 과제 수주 × 155
09 경쟁사의 특허를 분석하여 신제품에 활용하기 × 157
특허 정보를 활용하는 방법 × 158
10 시장성 좋은 해외에서 특허출원하기 × 163
PCT 국제 출원 제도 × 164
조약 우선권 주장 제도 × 165
해외 특허청에 직접 출원하기 × 166

PART 4
특허 궁금증 Q&A

01 아이디어를 시제품으로 만들어야 특허출원이 가능한가? × 171
02 특허권을 어떻게 판매할 수 있을까? × 173
홍보 자료인 SMK 만들기 × 174
적절한 공간에서 홍보하기 × 175
기술 판매 후의 제품 구현 지원 × 176
03 특허 괴물이란 무엇인가 × 177
04 특허출원서에는 어떤 정보를 담나 × 179
05 변화하는 특허 정보 × 182
특허권을 판매한 경우의 특허 정보 변화 × 183
특허권 사용료 계약에 따른 특허 정보 변화 × 184
특허권이 무효화되었을 때의 특허 정보 변화 × 185
06 부당하게 이용하는 특허 × 186
특허출원 상태에서 특허가 등록된 것처럼 홍보하는 사례 × 186
상표권을 특허권처럼 속이는 사례 × 187
07 아홉 가지 특허 필수 상식 × 188

책을 마무리하며 × 191

PART 1

이야기로 알아보는 특허의 기본

• • •

이 책을 읽는 독자는 지식재산의 기본 개념을 이미 안다고 할 수 있다. 왜냐하면 어릴 때부터 이에 관한 우스갯소리를 많이 들어왔기 때문이다. 그동안 무심코 지나쳤던 이야기를 돌이켜보며 특허의 기본 내용과 절차를 알아보자. 동화책처럼 천천히 읽어나가면 쉽게 이해할 수 있다.

01

아빠, 그 정도는 나도 알아!

"아빠, 그거 내 저작권(또는 전매특허)이야~. 따라 했으니 돈 내시지ㅋㅋ."
"남이 먼저 만든 걸 똑같이 따라 만들면 처음 만든 사람한테 돈을 내야 한대~."
빙고^^, 초등 아이가 제법인데~.

어느 날 초등학교에 갓 입학한 아들이 이렇게 말했다.

"아빠, 그거 내 저작권(또는 전매특허)이야~. 따라 했으니 돈 내시지ㅋㅋ."

나는 처음에는 '꼬맹이가 아빠한테 웬 시비야!'라고 여겼지만 '뭐야, 초등학생도 지식재산권 개념을 알고 있네!'라는 생각이 번뜩 들었다.

상황은 이러했다. 아들이 학교에서 블록으로 만든 변신 로봇 장난감을 가져와서 내게 자랑했다. 그걸 본 내가 비슷하게 변신하는 로봇 장난감을 따라 만들어서 자랑하니 아이가 장난스럽게 내뱉은 말이었다.

그래서 '저작권(또는 전매특허)'과 그걸 따라 했을 때 '돈 내야 한다'는 얘기는 어떻게 알았냐고 물었다. 아이는 친구가 해준 얘기라고 하며 이런 친절한 말을 덧붙였다.

"남이 먼저 만든 걸 똑같이 따라 만들면 처음 만든 사람한테 돈을 내야 한대~."

빙고^^, 초등 아이가 제법인데~.

그렇다. 지식재산권은 아이디어를 물건, 서비스 또는 예술 작품으로 만들어 자신의 소유권으로 만든 재산이다. 따라서 그렇게 얻은 재산적 권리는 당연히 돈을 받고 빌려줄 수 있고 큰돈을 받고 팔 수도 있다. 땅과 건물을 빌려주고 사용료를 받거나 팔 수 있는 것과 비슷하다. 그러니 '내가 만든 물건을 따라서 만들었으니 사용료를 내라'라는 아이의 주장은 얼마나 타당한가?

따라서 초등학교를 졸업한 독자는 지식재산권에 대한 개념을 이미 알고 있다고 할 수 있다. 지식재산권은 새로운 개념이 아니라 '이미 알고 있는 개념'이었다.

그럼 지식재산은 구체적으로 무엇을 말할까? 그리고 특허는 또 뭘까?

02

머릿속 지식이 재산이 된다

'지식재산'은 머릿속의 '지식', 즉 좋은 아이디어를 담아서 만든 물건, 서비스 그리고 예술 작품이다. 그것은 곧 내 '재산'이다. 그중 물건과 서비스에 해당하는 것은 '특허', 예술 작품은 '저작권'이라고 할 수 있다.

세상의 공장들에서는 수많은 물건을 생산하고, 온·오프라인으로 제공되는 수많은 서비스는 삶을 윤택하게 만들어준다. 사람의 육체노동을 대신 해주는 로봇을 넘어 사람의 생각까지 추측하여 의사 결정을 지원하는 인공지능 서비스까지, 하루가 멀다 하고 '더 새롭고 좋은 물건과 서비스'가 우리의 시선을 사로잡고 있다.

아침에 일어나 마시는 생수, 식사 준비할 때 사용하는 토스터나 커피포트, 옷과 신발, 출근길에 타는 버스나 지하철, 사람들과 소식을 나누는 휴대전화, 부족한 영양을 공급하거나 아픈 곳을 치료해주는 약, 심지어 물건을 만드는 자동화 기계와 그 기계에 들어가는 작은 볼트에 이르는 수많은 물건이 우리와 같이 살아가고 있다.

또한 휴대전화를 통한 샌드위치 주문과 픽업, 택배, 친구들과 의견을 나누는 메신저, 중고 물품 거래 중개, 공연 추천, 국가가 제공하는 주민등록 등본 출력 등의 필수적인 서비스도 언제든 사용할 수 있다. 약 20년 전만 해도 전화하거나 직접 방문해야 누릴 수 있었던 서비스를 현재는 컴퓨터나 휴대전화로 쉽게 사용할 수 있다.

이런 물건과 서비스가 몸을 편하게 해주는 것들이라면 노래, 그림, 책, 영화, 사진이나 아름다운 조각상 같은 예술 작품은 정신건강에 좋은 영향을 끼치는 것들이다. 아침에 일어나 듣는 노래 한 곡, 한가한 주말에 보는 영화 한 편, 고흐의 아름다운 그림 한 점 등은 마음을 편안하게 하고 때로는 몸을 들썩이게 해주는 에너지가 되어주지 않는가.

이처럼 우리 삶을 윤택하게 해주는 물건, 서비스, 예술 작품 모두를 '지식재산'이라고 한다. 그러고 보면 지식재산은 우리 일상 가까이에 자리하며 많은 부분을 같이하고 있다.

나는 새롭고 좋은 것을 보면 '과연 이것을 만든 사람은 어떤 목적으로 만들었을까?' 하는 궁금증이 생긴다. 단지 호기심 때문이거나 자랑하기 위해서일 수도 있겠지만, 그보다는 자신이 떠올린 좋은 아이디어를 물건이나 서비스 또는 멋진 그림이나 노래로 만들어 사람들에게 가치를 확인받고 더 나아가 상품으로 판매하여 돈을 벌고자 하는 목적이 컸을 것이다.

머릿속에 좋은 아이디어가 있는데 생각으로만 맴돌도록 내버려둔다면 너무 아깝지 않을까? 조금만 노력하면 그 아이디어를 자신만이 가질 수 있는 특별한 권리(재산)로 만들어 인정받고 돈도 벌 기회를 얻을 수 있을 것이다.

독자라면 앞에서 살펴본 새롭고 좋은 물건과 서비스, 예술 작품에 기꺼이 돈을 지불할 수 있겠는가? 사람들 대부분은 그렇다고 답할 것이다. 나도 삶을 편하고 행복하게 만들어주는 것들에는 당연히 돈을 지불할 의향이 있다. 이때 지식재산은 비로소 돈으로서 가치를 지니게 된다.

여러분이 땅을 사서 빌딩을 짓고 공간을 대여하는 사업을 한다면 당연히 그에 상응하는 임대료(사용료) 수익을 얻을 것이다. 지식재산(특허)은 눈에 보이는 땅이나 빌딩은 아니지만 사용 대가로 임대료 같은 '사용료 수익을 안겨줄 수 있는 귀중한 재산'이다.

이런 이유로 '지식재산(특허)'에 '권'이라는 단어를 붙여 '지식재산권(특허권)'이라고 표현하곤 한다. 여기서 '권'은 법적 권리를 가졌다는 의미다.

03

특허를 친근하게 만들어주는 발명 교실과 발명 경진 대회

'발명'이란 머릿속에 떠오른 생각을 다양한 재료와 방법을 통해 새로운 물건이나 방법으로 만든 것이다. 이렇게 만든 '발명품'이 기존 것들보다 새롭고 더 좋다고 국가가 인정하면 '특허'가 된다.

구세대인 나는 '발명'이란 말을 들으면 위인전에서 접한 발명왕 토머스 에디슨이 생각난다. 에디슨은 학교를 3개월밖에 다니지 못한 낙제생이었지만 호기심이 많았기 때문에 아이디어를 머릿속에 그대로 두지 않고 물건으로 만들어냈다. 그렇게 발명한 물건들이 바로 현대인의 생활과 밀접한 전구, 축음기, 영화 제작용 카메라 등이었다.

과거와 달리 요즘은 발명이라는 단어가 붙은 다양한 교육 프로그램, 체험 학습, 경진 대회 등이 흔하다. 모두 발명에 대해 알리고, 교육하고, 실천하도록 도와주는 프로그램이다. 이런 프로그램은 주로 학교나 국가 행정기관, 과학 진흥 기관, 특허청 관련 기관 등에서 운영한다. 발명에 관한 프로그램은 아이들뿐 아니라 경쟁력 있는 기술을 지니고 창업을 준비하는 패기 넘치는 창업가에게도 다양하게 제공되고 있다.

이처럼 자라나는 아이들부터 사업을 시작하려는 기업가에 이르기까지 알리고 교육하려 하는 '발명'은 과연 무엇일까?

발명의 사전적 정의는 '과학적 창의성과 기술 아이디어를 통해 아직 세상에 없는 새로운 방법, 기술, 물질, 기구 등을 만드는 것'이다. 영어로는 'invention'이며, 이 단어의 어원은 '생각이 떠오른다'라는 뜻이다.

정리하면, 발명이란 '머릿속에 떠오른 생각을 다양한 재료와 방법을 사용하여 새로운 물건이나 방법으로 만들어내는 것'이다. 이렇게 만든 완성품을 '발명품'이라고 한다. 앞에서 언급했듯이 우리와 일상생활을 같이하는 모든 물건과 서비스는 발명품에 해당한다.

그럼 '발명'과 '지식재산'은 같은 의미일까? 지식재산은 발명보다 큰 개념이다. 지식재산은 크게 발명, 발견, 창작을 통해 만들어진다. 그리고 발명을 통해 만들어진 발명품 중 특정 요건을 갖춘 것이 지식재산의 대표 격인 '특허'가 된다. 즉, 발명은 지식재산의 한 종류인 특허와 연관된 개념이다.

발명을 통해 만들어지는 특허는 세상에 없던 새로운 것이면서 기존 것들보다 더 좋아진 것을 발명한 사람의 독점적 권리를 허락해주는 대표적인 지식재산이다.

발명과 비슷한 단어로는 '발견'이 있다. 발명이 새롭게 만들어내는 것을 뜻한다면, 발견은 기존에 있었지만 미처 몰랐던 것을 찾아내는 것을 말한다. 발견 또한 '새로운 용도를 발견한 특허'가 될 수 있다.

한편 '창작'은 주로 예술 작품을 독창적으로 지어내는 것을 말하며, '저작물'이나 '디자인'에 해당한다. 정리하면, 발명, 발견, 창작되는 것들이 그 '특성에 맞는 서로 다른 형태의 지식재산권'이 된다.

04

발명 경진 대회 수상작은 자동으로 특허가 될까

특허는 어떤 경우에도 자동으로 주어지지 않는다. 발명 경진 대회에서 상을 받거나 연구자가 논문을 제출해도 마찬가지다. 발명품이나 논문이 아무리 우수해도 특허출원(신청) 과정을 거치지 않으면 법적으로 인정되는 재산권을 얻을 수 없다.

'발명'은 학생들에게 매우 친근한 단어다. 새롭고 좋은 발명품을 만들어서 인정받으면 발명자는 매우 뿌듯할 것이다. 연구자도 마찬가지다. 자신이 연구해서 얻은 좋은 결과를 우수한 논문으로 제출한다면 개인적으로 얼마나 명예롭겠는가?

그렇지만 이런 개인적 뿌듯함과는 별개로 해당 결과물을 통해 재산권을 얻으려면 별도의 방법을 거쳐야 한다. 그 방법은 바로 특허를 등록받는 것이다.

우리나라 정부나 여러 학교에서 발명 경진 대회를 개최하곤 한다. 그때마다 많은 학생이 자신의 발명품을 가지고 대회에 참여한다. 이때 주의할 것은 발명품이 언론 보도 등으로 일반인에게 공개되기 전에 특허를 출원(신청)해야 한다는 것이다.

발명 경진 대회에 제출된 발명품이 일반인에게 공개되지 않고 심사 위원에게만 공개되었다면 특허를 등록받을 수 있다. 또 일반인에게 발명품이 공개되어도 1년 안에 특허출원을 하면 특허권을 받을 수 있다. 하지만 이 경우는 공개되지 않은 것이어야 한다는 특허 요건을 만족하는지에 관해 다분히 논쟁의 여지가 있으므로, 자신의 발명품이 탁월하다고 생각하면 대회에 출품하기 전에 특허를 출원하는 것이 바람직하다.

학업을 마치고 연구자가 되어 연구를 수행하고 자신의 성과를 우수 논문으로 작성했다면 매우 자랑스러울 것이다. 하루라도 빨리 연구 결과를 논문으로 발표하고 싶을 것이다. 그렇지만 이때도 특허출원이 먼저다.

물론 인지도나 명예만 필요한 연구자도 있겠지만, 세상을 살아가며 필요한 것은 명예가 전부는 아니지 않는가. 든든한 자산이 있으면 삶의 활력이 될 것이다.

TIP 특허권을 얻을 수 있는 발명의 전제 조건

특허권을 얻을 수 있는 발명에는 전제 조건이 있다. 특허법에 따르면 '자연법칙을 이용한 기술적 사상으로 고도화된 발명'이 특허권을 받을 수 있다. 법령의 어려운 단어를 쉽게 풀어보자.

'자연법칙을 이용한 것'에는 '물이 흐르고, 전기가 통하고, 가열하면 액체가 증발하고, 농도에 따라 기체가 확산되고, 약이 몸속에 스며들고, 멈춘 물체에 관성이 작용하고, 사과가 중력에 의해 떨어지는 등'의 자연 대부분의 일이 포함된다. 이처럼 자연의 법칙은 너무도 다양하다.

자연법칙에 해당하지 않는 것은 사람이 만든 경제 법칙, 수학 공식 등이 대표적이다. 이것들은 특허의 대상이 되지 못한다.

'기술적 사상'이란, 발명에 기술이 반영되어 있어야 한다는 의미다. 여기서 '기술'은 '과학 이론을 적용하여 인간 생활에 유용한 물건 등을 만들어내는 것'이다. 과학적 요소와 멀어 보이는 요가나 체조를 하는 방법, 마술을 잘하는 방법, 휘파람을 잘 부는 방법 등은 특허권을 획득할 수 없다.

'고도화된 것'이란, 발명품이 기존의 물건이나 서비스보다 '더 좋은 방향으로 개선된 것이어야 한다'라는 의미다. 단순히 주위의 기술을 모아서 조합한 수준이라면 고도화한 것으로 판단하기 힘들다. 이 개념은 PART 2에서 설명하는 특허등록 요건 중 '더 좋아진 것(진보성)'에 해당한다.

05

지식재산의 종류

대표적인 지식재산권은 다음과 같다. 음악, 그림, 도서, 조각상 등의 작품은 '저작권', 기술적으로 새롭고 좋아진 것은 '특허권', 상품의 외부 모습을 미적으로 표현한 것은 '디자인권', 물건을 구별해주는 역할을 하는 것은 '상표권'이다.

앞에서 언급한 내 아이의 "이건 내 저작권이야!" 또는 "이건 내 전매특허야!"라는 말은 어떤 종류의 지식재산을 이야기할까? 아이는 다양한 지식재산의 종류를 알고 권리를 주장한 것일까? 당연히 아닐 것이다. 아이는 무언가 자신이 가질 수도 있는 권리를 저작권이나 전매특허라는 용어로 포괄적으로 표현한 것이다.

여기서는 지식재산의 종류를 살펴보고, 앞에서 입씨름의 대상이 된 '변신 로봇 장난감'을 통해 가질 수 있는 지식재산권도 알아보자. 여러 지식재산권 중 대표적인 ① '저작권', ② '특허권', ③ '디자인권', ④ '상표권'에 관해 설명하겠다. 이외에도 소프트웨어 프로그램, 식물의 신품종, 반도체 설계 등 다양한 지식재산권이 존재하지만 상대적으로 중요도가 낮으므로 여기서 다루진 않겠다.

예술 작품에 관한 저작권

지식재산권 중 예술 작품을 만드는 '창작'과 밀접한 권리는 '저작권'이다. 앞서 지식재산은 아이디어로부터 만들어진다고 설명했다. 그 아이디어가 생각이나 감정을 표현한 그림, 노래, 영화, 사진, 조각, 건물이나 물건의 콘셉트 디자인, 소설 등 '기술적 내용이 포함되지 않은 작품의 성격'을 지니면 '저작권'에 해당한다.

방탄소년단(BTS)의 노래 'Dynamite', BTS가 만들어내는 무대, 레오나르도 다빈치의 그림 '모나리자', 노는 게 제일 좋은 뽀로로 캐릭터, 뽀로로를 주제로 한 만화영화, 광화문에 있는 세종대왕 동상, 시드니 오페라하우스, 지금 내가 집필하고 있는 책 등은 창의적으로 생각과 감정을 담아서 만들어냈으므로 저작권의 대상이 된다. 또 그렇게 만들어낸 작품은 '저작물'이 된다.

근래 인기 있는 직업인 '이모티콘 디자이너'는 여러 메신저에서 사용하는 개성적인 이모티콘을 창작하는 일을 한다. 이모티콘 디자이너가 만드는 이모티콘 캐릭터도 저작물의 형태 중 하나다.

저작물 중 캐릭터에 해당하는 '미키마우스', '포켓몬', '뽀로로' 등은 이미 유명해져서 다양한 상품으로 세계 각국에서 판매되고 있다. 또한 이들은 엄청난 수익의 원천이 되고 있다. 이처럼 저작물을 개인적으로 활용하려는 목적이 아니라 돈을 벌기 위해 사용할 때는 저작권 보유자에게 사용료에 해당하는 '저작권료'를 지불해야 한다.

저작권은 별도의 등록이나 승인 과정 없이 창작자가 작품을 창작하는 순간 권리가 주어진다는 장점이 있다. 그러나 등록하고 승인하는 과정이 없어서 해당 저작권이 정말 유효한지는 미리 알 수 없다.

이런 특성으로 인해 발생하는 것이 바로 저작물에 대한 '표절' 문제다. 저작물은 갖추어야 하는 중요한 요건이 있는데, 바로 '다른 사람의 작품과 구별되는 창작물'이어야 한다는 것이다. 종종 뉴스에 등장하는 표절 문제들은 작품의 독창성이 없어 다른 사람의 작품과 구별되지 않아서 생긴다.

우리가 흔히 접하는 표절 사례 중 하나는 노래 표절이다. 노래를 만든 사람이 표절했는지 모르고 창작했다고 하더라도, 그 노래가 다른 사람의 음악과 유사하여 표절이 의심된다면 창작자가 아무리 결백을 주장해도 저작권을 인정받지 못한다.

그럼 앞의 에피소드에 등장한 '변신 로봇 장난감'으로 돌아가보자. 이 장난감과 관련하여 저작권을 인정받을 수 있을까?

기존의 다른 로봇 모양과 다르게 창의적이고 독창적으로 표현했다면 저작권의 요건이 될 수 있다. 조각상과 비슷한 면이 있다. 완성된 조각상이 독창적인 모습으로 표현되었거나 독특한 재질로 특별한 느낌을 만들어냈다면 저작물로 인정받을 수 있는 것처럼, 로봇 장난감도 같은 기준으로 판단할 수 있다.

예를 들어 과일처럼 생긴 로봇은 없었는데 독창성 있게 과일 모양으로 만들거나, 기존에 사용되지 않은 표면 재질로 이전에는 볼 수 없었던 강인함을 표현했다면 저작권을 인정받을 수 있다.

여기서 유의할 것은 저작권은 '변신' 등의 기능을 하는 기술적 내용과는 상관없다는 것이다. 단지 사람의 생각이나 감정을 어떻게 외부로 표현하였는지가 저작권에 대한 자격의 기준이다.

그럼 내 머릿속에 기능과 기술에 대한 번뜩이는 아이디어가 있다면 어떤 지식재산권을 확보할 수 있을까? 바로 지식재산의 대표 격인 '특허권'이다.

기술적으로 새롭고 좋아진 것에 관한 특허권

앞에서 설명한 저작권과 달리 특허는 '기존의 것과 차별화된 기술을 발명'하거나 기존 물건의 '새로운 용도를 발견'했을 때 확보할 수 있는 지식재산권이다. 새로운 물건이나 새로운 서비스가 기존 물건이나 기존 서비스보다 기술적으로 더 좋아졌다는 주장을 인정받아야 특허를 획득할 수 있다.

특허(特許)라는 단어의 한자어는 '특별하게 허가해준다'라는 의미를 지닌다. 의미를 통해 유추해보면, 특허권을 얻으면 '뭔가 특별한 혜택을 허가받겠구나!'라는 생각이 들 것이다.

맞다. 특허권을 획득하면 해당 특허 기술이 적용된 제품을 '여러분만 만들어 팔 수 있게 허가하는 권리'를 부여받는다. 이것을 '독점권'이라고 한다. 따라서 제품을 만들어 판매하는 기업 입장에서 특허권은 매우 중요한 지식재산권이다.

독점권을 이야기할 때 좋은 예가 '전기'다. 우리나라는 전기를 공공재로 취급하여 국가기관만 공급할 수 있도록 강제화하고 있다. 그래서 전기가 필요한 모든 가정이나 사업장은 국가기관을 통해 전기를 공급받는다.

만약 전기처럼 많은 사람이 사용하는 물건이나 서비스를 한 사람만 공급할 수 있다면 어떤 일이 벌어질까? 시장이나 마트, 온라인에서 아무리 찾아봐도 기능이 같은 제품이나 서비스를 찾을 수 없으니, 어쩔 수 없이 모두가 독점권을 가진 기업의 제품을 살 수밖에 없을 것이다. 그러면 해당 제품이나 서비스가 얼마나 잘 팔리겠는가? 그래서 글로벌 기업은 물론이고 사업을 막 시작한 스타트업도 제품이나 서비스에 대한 독점적 권리를 얻기 위해 특허권 확보에 많은 노력을 기울인다.

심사하는 과정이 없어 확정적 권리를 가진다고 보기 어려운 저작권과는 달리 특허권은 특허청이 심사 과정을 거쳐 권리를 받을 수 있는지를 판단한 후 부여하기 때문에 확정적인 독점권을 가질 수 있다. 특허권을 받는 자세한 절차는 뒤에서 알아보자.

그럼 앞서 말한 '변신 로봇 장난감'은 특허권을 획득할 수 있을까? 특허를 위해서는 기능적 측면에서 새롭고 개선된 특징적인 기술이 있어야 한다. 예를 들어 로봇 장난감의 '변신하는 기능'이 다른 로봇 장난감에 쓰이지 않았던 새로운 것이고, 기존의 변신 기능보다 더 좋아졌다면 특허권을 확보할 수 있다.

아이들이 많이 가지고 놀던 '터닝메카드'라는 변신 장난감을 생각해보자. 내가 기억하기로 해당 장난감이 변신하는 방식은 자석 기능을 하는 변신 카드를 이용하는 것이었다. 로봇의 특정 부위에 변신 카드가 닿으면 자성 때문에 결합 부위가 풀리면서 변신했다. 새로운 로봇 장난감이 이런 기존의 변신보다 더 좋아진 방식, 예컨대 말로 명령하면 자동으로 변신하는 기능이 포함되었다면 특허권을 획득할 수도 있을 것이다. 다만 현재 팔리고 있거나 개발된 다른 제품에 말을 통해 변신하는 기능이 없어야 한다. 그러나 아쉽게도 얼마 전 나는 '말로 명령하는 변신 로봇 장난감'이 지하철에서 팔리는 것을 목격했다. 그러니 말로 변신하는 로봇 장난감을 개발해도 더 이상 '좋아진 것'에 해당하지 않으므로 특허권을 받을 수 없을 것이다.

특허권은 영향력이 큰 지식재산권이기 때문에, 일반적으로 지식재산권을 이야기할 때는 특허권을 염두에 두는 경우가 많다.

지식재산권 중 '실용신안권'은 특허권과 성격이 비슷하므로 여기서 별도로 설명하지는 않겠다. 실용신안권과 특허권의 차이는 발명이 기술적으로 구현하기 어려운가에 따라 나뉜다. 실용신안권은 '현재 사용되는 여러 기술을 어렵지 않게 단순히 조합해서 할 수 있는 발명'에 부여된다는 것 정도를 알아두자.

많은 사람이 특허권과 특허를 혼용하여 사용하곤 한다. 이 책에서는 재산적 권리의 개념으로 사용할 때는 '특허권' 또는 '특허 권리'로 표현하고, 절차나 대상에 관한 내용을 다룰 때는 '특허'라는 범용적 용어로 표현하겠다.

미적으로 표현한 것에 관한 디자인권

'디자인권'은 저작권과 특허권의 특징을 조금씩 지닌 지식재산권으로, 반복 생산하여 판매되는 제품의 외부 모양을 미적으로 표현했을 때 얻을 수 있는 권리다. 디자인권은 작품의 성격을 지닌 창의적 창작물에 가깝다는 점에서 저작권과 비슷하다. 그러나 창작물이 제품의 외부 디자인과 결합되어야 하고 대량생산할 수 있어야 한다는 점이 다르다.

앞에서 저작권을 설명할 때 언급한 뽀로로 캐릭터를 예로 들어보겠다. 뽀로로 캐릭터는 사람의 생각이나 감정을 표현해서 그려낸 작품이기에 저작권을 획득할 수 있다. 그에 반해 디자인권은 제품과 결합된 형태여야 하기 때문에 캐릭터 그림 자체가 아니라 뽀로로 모양의 필통이나 신발, 휴대전화 케이스 등 특정 제품의 외관과 결합되어야 획득할 수 있다.

즉, 디자인이 제품과 분리되면 디자인권을 획득할 수 없다. 필통에 단순히 뽀로로 캐릭터가 그려져 있으면 필통 모양과 뽀로로 캐릭터가 분리되어 따로 사용할 수 있기 때문에 디자인권을 얻지 못한다. 디자인권을 획득하려면 필통 모양(제품의 외관) 자체가 뽀로로 캐릭터처럼 보여야 하고, 공장에서 대량생산하여 판매할 수 있어야 한다.

디자인권이 저작권과 다른 점은 또 있다. 특허권처럼 심사 과정을 거쳐 권리가 주어진다는 것이다. 제작을 마치면 바로 권리가 생기는 저작권이 더 좋은 것이라고 생각할 수도 있지만, 심사를 거쳐 국가로부터 인정받은 디자인권은 권리를 더 확실하게 보장받을 수 있다는 장점이 있다. 각각 장단점이 있으므로 어떤 권리가 더 좋다고 말하기는 힘들다. 이왕이면 두 권리를 모두 확보하는 것이 가장 좋을 것이다.

다시 '변신 로봇 장난감'으로 돌아가서 디자인권을 획득할 가능성을 확인해보자. 이 장난감의 외부 모양이 독창적으로 표현되었고 미적으로 아름다움을 느끼게 하면서 상업적으로 제품과 결합하여 생산하고 판매할 수 있다면 디자인권을 받을 만한 대상이 된다. 물론 저작권처럼 해당 디자인이 남의 디자인과 유사하다면 심사 과정에서 디자인권 부여가 거절되어 해당 권리를 얻을 수 없다.

저작권에 대한 설명에서 예로 든 과일 모양 장난감의 경우 공장에서 똑같은 물건을 대량으로 생산하기 어렵다면 디자인권의 대상이 될 수 없으나, 대량생산하여 판매할 수 있다면 디자인권을 획득할 수 있을 것이다.

물건을 구별해주는 상표권

'상표권'은 앞에서 살펴본 저작권, 특허권, 디자인권과 성격이 조금 다르다. 상표권은 사람들이 찾는 물건이나 서비스를 구분할 수 있게 해주는 글씨나 도식에 주어지는 지식재산권이다. 상표권도 특허권처럼 '권'을 떼고 '상표'로 불리는 경우가 많다. 옷에 표시된 나이키 마크, 자동차에 붙어 있는 현대자동차 로고, 인어가 그려진 스타벅스의 도안 등 우리에게 익숙한 브랜드나 프랜차이즈 등이 상표에 해당한다.

상표권의 기능에 관한 예를 들어보자. 여러분이 커피 맛을 알아내야 하는 블라인드 테스트에 참여하고 있다고 생각해보자. 아무 표시가 없는 컵에 커피가 담겨 있다면, 단지 맛만으로 커피를 구별해야 할 것이다. 웬만한 미식가가 아니면 구별하기 쉽지 않다. 이때 컵에 상표가 표시되어 있다면 어떨까? 원하는 커피를 금방 찾아낼 수 있지 않을까? 상표를 보고 물건을 구별할 수 있는 것, 이것이 상표가 발휘하는 기능이다.

그런데 제품을 만드는 데 사용되는 기술이 아닌 상표가 왜 돈이 되는 지식재산권에 해당하는지 좀 의아하지 않은가? 당연한 의문이다. 구찌, 프라다, 루이비통 등 명품을 생각해보자. 사람들은 해당 명품을 구입할 때 얼마나 좋은 재료로 만들었는지를 보고 구매를 결정할까? 그렇지 않을 것이다. 사람들은 명품 브랜드의 가치를 보고 구매를 결정한다. 명품 브랜드는 상표만으로도 사람들이 큰돈을 지불할 만큼의 가치를 창출하고 있다. 이런 이유로 상표는 돈이 되는 지식재산권에 포함된다.

다시 '변신 로봇 장난감' 사례로 돌아가 상표권 확보 가능성을 확인해보자. 만약 이 장난감에 특별한 이름을 붙이고 고유한 도안을 붙이면 상표권을 얻을 수 있는 대상이 될 것이다. 예를 들어 장난감의 기능을 줄여서 '변·로·짱(변신하는 로봇짱)'이라는 이름을 지어주고, 광고하며 판매하는 목적으로 사용한다면 '변·로·짱'이라는 상품명과 고유 마크에 대한 상표권을 획득할 수 있을 것이다.

상표권도 특허청의 등록 심사를 거쳐야 얻을 수 있는데, 이때 여러분이 제출한 상표와 유사한 상표가 이미 쓰이고 있다면 상표권을 등록하기는 힘들 것이다. 그러나 상표권은 다른 지식재산권과는 다른 특징이 있다. 이미 유사한 상표가 사용되고 있어도 예외적으로 상표권을 인정받을 수 있다는 것이다.

해당 상표가 너무 유명해져서 보는 사람 모두가 대상 제품을 떠올린다면, 이전에 유사한 상표가 존재했어도 상표권을 인정받을 수 있다. 이는 상표를 보고 해당 상품을 구별할 수 있으므로 기능을 충분히 만족한다고 보아 상표권이 인정되는 경우다.

지식재산권 중 대표적인 네 가지 권리에 대한 예시를 들어보겠다.

여러분이 자동차 회사에 근무하며 스포츠카를 만드는 프로젝트에 참여하고 있다고 생각해보자. 스포츠카를 만들 때 앞에서 언급한 네 가지 지식재산권 중 무엇을 획득할 수 있을까?

*** 저작권을 받을 수 있는 것**

요건 사람의 생각이나 감정을 표현한 창작물

권리 확보 가능 대상 스포츠카의 디자인 초안 스케치, 디자인 설계도, 회사나 자동차의 고유 마크 등

*** 특허권을 받을 수 있는 것**

요건 기술적으로 새롭고 더 좋아진 발명

권리 확보 가능 대상 공기로 동작하는 엔진, 손가락으로 조정하는 핸들, 물 위에 뜨는 기능을 적용한 타이어, 바람의 저항을 줄이는 차체 구조 등

*** 디자인권을 받을 수 있는 것**

요건 판매 제품의 외관으로 시각적 미감을 불러일으키는 디자인

권리 확보 가능 대상 전체적인 외관 디자인, 타이어의 휠 모양, 앞 그릴 모양, 차량 손잡이 모양 등

*** 상표권을 받을 수 있는 것**

요건 제조사나 차량을 구별할 수 있는 역할을 하는 글자나 도식

권리 확보 가능 대상 차 앞이나 뒤에 붙은 회사 마크, 차량 고유 마크나 모델명

이 같은 지식재산권을 네 가지 중 하나만 획득할 수 있는 것은 아니다. 네 가지 모두를 확보할 수 있고, 한 종류의 지식재산권도 여러 개 확보할 수 있다.

다음 절부터는 지식재산권의 대표 격인 특허권을 중심으로 이야기하겠다. 특허권을 확보하기 위해서는 무엇을 어떻게 해야 할까? 그저 말로만 주장하면 되는 것일까? 자격증 시험에 응시하듯 따로 신청해야 하는 것일까?

06

어른들 세상의 규칙 -특허제도에 관하여

아이들 세계의 장난 섞인 주장과는 달리 어른들의 비즈니스 세계에서는 돈이 될 수 있는 지식재산권을 누군가에게 호락호락 주지 않는다. 특허권을 받고자 하는 사람은 특허제도에 정해진 절차를 거쳐야 한다. 신청하는 '특허출원', 평가받는 '특허 심사'뿐 아니라, 평가 결과에 따라 합격하면 '특허등록', 불합격하면 '특허거절'이 된다.

이 책은 '초등학생도 아는 지식재산에 관한 에피소드'로 시작했다. 여기서 짚어볼 것이 있다.

지식을 재산으로 바꾸어주는 특허권을 아이들 세상에서처럼 아무 조건 없이, 본인이 말로만 주장한다고 받을 수 있을까? 당연히 그렇지 않다. 아이들 세계의 장난 섞인 주장과는 달리 어른들의 비즈니스 세계에서는 돈이 될 수 있는 특허권을 누군가에게 호락호락 주지 않는다. 만약 어른들 세계에서 말로만 주장했다고 해서 누군가에게 권리를 쉽게 주면 서로 자기 권리를 주장하며 싸우는 일이 너무나 흔해질 것이다.

예를 들어보자. 누군가가 자신이 '변신 로봇 장난감'을 처음 만들었다고 주장한다고 가정해보자. 그 주장을 들은 사람들이 자신이 먼저 만들었다고 반박한다면 누구에게 권리를 주어야 할까? 이런 다툼을 해결하려면 많은 시간과 노력을 투자해야 할 것이다.

정부는 이처럼 발생할 수도 있는 다양한 문제를 근본적으로 해결하기 위해 문제 상황을 사전에 확인하고 예방하는 규칙을 만들었다. 이것이 바로 '특허제도'다. 또한 특허제도에서 정한 절차를 모든 사람이 지키도록 하기 위해 '특허법'을 제정했다. 그래서 특허권을 받고자 하는 사람은 특허법과 제도에 정해진 절차를 거쳐야 특허권을 획득할 수 있다. 이렇게 절차를 거쳐 받은 권리는 국가가 공식적으로 인정하는 지식재산권이 된다. 그럼 특허제도에 따라 국가가 공식적으로 인정하는 특허권을 받으려면 어떤 절차를 거쳐야 할까?

첫 번째 할 일: 특허출원

특허제도에 따르면 특허권을 받기 위해 가장 먼저 해야 하는 일은 아이들처럼 말로 주장하는 것이 아니라 글로 표현한 문서(특허출원서 또는 특허 명세서)를 작성하여 특허제도를 담당하는 국가기관인 특허청에 제출하는 것이다. 이렇게 특허출원서를 제출하면서 '저에게 특허권을 주세요'라고 신청하는 것을 '특허출원'이라고 한다.

'출원(出願)'의 한자어는 '태어날 출, 원할 원'으로, '원하는 것이 태어난다'라는 의미다. 즉, 신청서를 최초로 제출하는 것을 뜻한다.

특허출원은 아이디어를 물건으로 만드는 발명을 완성한 후 특허권을 받기 위해 가장 먼저 해야 하는 일이다. 특허 기술을 발명한 사람이 회사에 소속되어 회사 업무와 관련된 특허를 출원하면 직무 발명 규정에 의해 특허출원인과 권리자는 회사가 된다. 다만 해당 특허를 매각하거나 특허 기술이 적용된 제품을 만들어 판매하여 수익을 얻은 경우 회사가 수익의 일부를 직원에게 보상하도록 규정하고 있다.

두 번째 할 일: 특허 심사

특허출원을 하면 특허청에 소속된 특허 심사관이 '글로 표현된 특허출원서'를 보고 권리를 부여해도 되는지를 심사한다. 심사는 두 단계로 진행되는데, 첫 번째 '방식 심사'에서는 자격과 형식을, 두 번째 '실체 심사'에서는 실제 특허권을 받을 수 있는 요건을 만족하는지를 심사한다.

실체 심사에서는 다음 세 가지를 심사한다. PART 2에서 자세히 설명하겠다.

① 신규성: 기존에 없었던 '새로운 것(물건, 서비스)'을 만들어야 한다.

② 진보성: 기존에 있는 것들보다 '더 좋아진 것'을 만들어야 한다.

③ 산업상 활용 가능성: 상품으로 만들어 사람들에게 유익을 제공하고 '국가 산업 발전에 기여할 수 있는 것'이어야 한다.

〈특허와 자격시험 절차 비교〉

특허출원 절차는 일반적인 시험과 비슷하다. 시험을 보기 위해 접수하는 단계가 '특허출원'이고, 심사 위원이 답안지를 평가하는 것이 '특허 심사'며, 그 결과에 따라 합격과 불합격이 결정되는 것이 '특허등록' 및 '특허거절'이라고 할 수 있다. 자격시험과는 달리 미리 특허출원서라는 답안지를 작성하여 제출하는 서면 시험과 유사하다.

심사는 먼저 접수된 특허출원서부터 진행되는데, 특허출원서가 많이 접수되어 심사를 기다리고 있으면 많은 시간이 소요된다. 2023년 기준으로 특허출원 후 심사를 기다리는 시간은 1년에서 1년 6개월 정도다.

누군가는 무척 오래 기다려야 심사 결과가 나오는 것을 불편하게 생각할 수도 있다. 맞다. 특허청도 이를 알고 심사 대기 시간을 줄이기 위해 노력하고 있으나, 심사관에 비해 많은 특허출원서가 접수되고 있어서 쉽게 줄어들지 않고 있다. 만약 빠르게 심사받아야 한다면 '우선 심사 신청 절차'를 활용하여 순서를 앞당길 수도 있다.

특허 절차가 다소 복잡해 보일 수 있지만, 한 사람이나 한 기업에만 허락되는 독점적 권리를 얻기 위해서는 당연히 거쳐야 한다. 그런데 독점적인 권리가 주어지는 특허권을 받기 위해서는 당사자가 지불해야 하는 대가가 있다. 이어서 살펴보자.

07

특허권에 지불해야 하는 대가

특허는 특허권을 가진 사람만 배 불리게 해주는 제도가 아니다. 특허의 목적은 국가 산업 발전을 통해 세상을 더욱 윤택하게 만드는 것이다. 이 때문에 특허제도에는 특별한 절차가 포함되어 있다. 바로 '특허 공개' 절차다.

특허에 지불해야 하는 대가가 있다고 하면 놀랄 수도 있다. '특허권은 내가 권리를 받는 거 아냐? 왜 갑자기 대가에 관해 이야기하는 걸까?' 하고 생각하기 때문이다.

당연한 생각이다. 그러나 특허제도가 지향하는 목표를 살펴보면 그 까닭을 이해할 수 있을 것이다.

특허의 목적은 산업 발전을 통해 우리가 사는 세상을 더욱 윤택하게 만드는 것이다. 아무 대가 없이 많은 사람에게 특허권을 나누어 주기만 하면 국가 산업이 발전할 수 없을 것이다. 또한 특허권을 가진 사람만 배 부르게 하는 제도가 될 것이다. 그래서 특허제도에는 특별한 절차 하나가 포함되어 있다. 바로 '특허 공개' 절차다.

특허제도에는 중요한 절차 세 가지가 있다. 특허출원→특허 공개

→특허등록으로 이어지는 절차다.

'특허출원한 사람이 지불해야 하는 대가'는 '특허 공개' 절차를 의미한다. 단어에서 알 수 있듯이 특허 공개 절차는 특허출원서를 제출한 지 1년 6개월이 되는 날 모든 사람이 볼 수 있도록 온라인에 공개하는 것이다.

특허청이 특허출원 내용을 공개하여 다른 사람들이 자기 기술의 세부 내용을 알게 된다고 생각해보자. 누군가가 발명 내용을 금세 따라 할 것 같아 불안해질 것이다.

물론 이러한 모방은 충분히 일어날 수 있는 일이다. 그래서 특허 기술 모방으로 인한 피해를 최대한 예방하기 위해 출원한 지 1년 6개월이 지난 후 특허출원서를 공개하도록 정해져 있다.

이와 같은 특허공개 절차를 시행하면 국가에는 어떤 이득이 있을까? 앞에서 언급했듯이 바로 산업 발전이다. 국가 산업이 발전할수록 사람들이 더 윤택하게 살 수 있기 때문에 결국 국민의 삶을 향상시켜 주는 절차라고 볼 수 있다.

공개된 특허 기술을 누군가가 보고 더 좋아진 기술을 계속 개발해낸다면 더 좋은 상품과 서비스가 만들어지므로 산업도 더 발전하게 된다. 이런 의미에서 특허제도는 특허 공개를 의무적으로 시행하도록 정하고 있다.

만약 특허출원을 하고 나서 특허 공개를 원하지 않으면 1년 6개월이 지나기 전에 특허출원을 취하해야 한다. 특허 공개에서는 등록된 특허뿐 아니라 거절된 특허의 출원서도 공개되므로 이 점도 유념해야 한다.

실제로 기업들은 특허 공개 제도를 활용하여 자사가 연구하는 기술 분야와 관련된 공개 특허를 다양하게 조사하고 분석한다. 이를 통해 연구자는 자신의 연구를 더욱 경쟁력 있는 방향으로 진행하고, 기업은 신제품 개발에 유용하게 활용할 수 있다. 공개된 특허를 활용하는 방법은 PART 3에서 살펴보겠다.

08

특허 절차 속도 조절

특허를 출원하는 사람들은 다양한 사정이 있다. 따라서 특허권이 조속히 필요하면 '우선 심사 신청', 최대한 천천히 받고자 하면 '심사 유예 신청', 특허 기술을 1년 6개월이라는 정해진 기간보다 빨리 공개하길 원하면 '조기 공개 신청'을 하면 된다.

앞에서는 특허제도의 규정에 따라 특허권을 받는 절차를 살펴보았다. 정리하면 '특허출원→특허 공개(출원 후 1년 6개월)→특허 심사(통상 출원 후 1년~1년 6개월에 시작)→특허등록(통상 출원 후 1년 6개월~2년 6개월 소요)' 순서로 진행된다. 이때 각 단계마다 일정한 대기 기간이 발생한다.

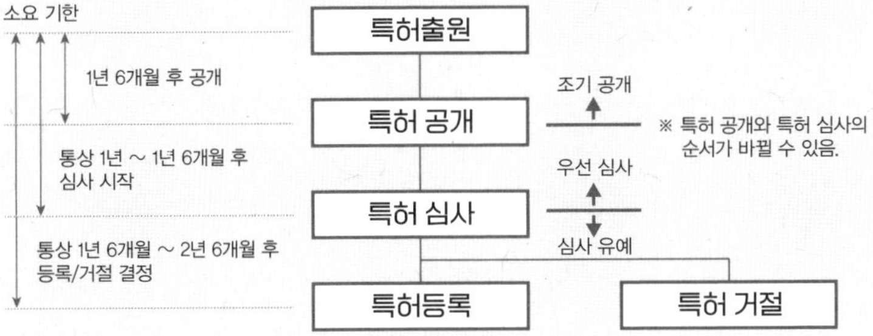

〈특허등록을 받기 위한 절차〉

대부분은 기다려서 특허등록을 받지만 여러 이유 때문에 기간을 조정하고 싶은 경우가 생길 수 있다. 이처럼 기다려야 하는 시간을 조정하기 위해 활용할 수 있는 세 가지 절차가 있다. 이 절차가 생긴 이유는 무엇이고, 누구에게 필요한지를 알아보자.

심사를 앞당기는 우선 심사 신청

'우선 심사 신청 절차'는 이름에서 느껴지듯 1년이 넘도록 기다려야 시작되는 특허 심사를 예정보다 빠르게 받을 수 있게 지원하는 절차다. 특허 심사는 먼저 들어온 특허출원서부터 진행되는데, 우선 심사 신청 절차를 신청하면 특허출원서를 늦게 제출했더라도 먼저 심사받을 수 있다.

누군가는 먼저 심사를 받으면 더 유리할 수 있다고 생각할 것이다. 그러나 특허 심사는 특허출원일을 기준으로 진행하기 때문에 심사를 빨리하는 것은 유불리와는 관련이 없다.

그럼 사람들은 왜 이 절차를 활용하려고 할까? 특허에서는 심사를 통과하여 특허등록이 되어야 특허권이 생긴다. 이렇게 확정된 특허 권리를 빨리 획득하고 싶어서 빠르게 심사받는 경우가 많다. 자격시험을 빨리 통과하여 자격증을 획득하고 취업 등에 활용하고 싶어 하는 경우와 비슷하다.

특허권을 빠르게 활용하고자 하는 경우를 살펴보면 다음과 같다. 한 개인이 특허 기술을 어느 기업에 소개했는데 기업에서 '특허권이 확정되면 해당 특허권 내용을 보고 권리를 구입하겠습니다'라고 했다면, 특허를 출원하는 사람으로서는 권리를 빠르게 확정받는 것이 좋다.

또 한 개인의 특허 기술을 어느 기업이 허락 없이 이미 쓰고 있다면 특허 권리를 빠르게 확정받고 해당 기업에 사용료를 요구하는 등 권리를 주장하는 데 활용할 수 있다.

특허를 출원한 기업이 제품을 만들어 판매할 때, 특허받은 제품이라는 사실을 홍보하려 할 때도 조속한 특허등록이 필요해진다. 특허 기술을 제품에 적용했더라도 출원 상태일 때는 특허청 로고 등을 붙여서 홍보할 수 없기 때문이다.

이외에도 해외에서 특허출원을 하고자 하는데 자신의 발명을 특허권으로 인정받을 수 있는지 여부를 빠르게 확인하여 해외 사업화 전략을 세우는 데도 우선 심사 신청 절차를 활용할 수 있다.

이처럼 우선 심사 신청 절차는 여러모로 쓸모가 많다. 그럼 모든 특허출원에 대해 우선 심사 신청 절차를 신청할 수 있을까? 그렇지는 않다. 빠르게 심사받아야 하는 급한 사정이 인정되는 경우에만 신청할 수 있기 때문이다. 출원인이 제품을 만들어 판매하고자 준비 중인 경우, 누군가가 출원인의 특허 기술을 사용하고 있는 경우, 첨단·녹색 기술에 해당하는 경우, 벤처기업인 경우, 출원인이 65세 이상인 경우 등이 해당한다.

또한 '선행 특허 조사 기관에서 발급한 선행 특허 조사 보고서'를 첨부하면 누구나 우선 심사 신청을 할 수 있다. 그러니 약간의 비용인 50만~1백만 원을 지불할 의사가 있다면 신청할 수 있는 절차임을 알아두자.

우선 심사 신청을 진행하면 2년 가까이 걸리는 특허등록까지의 기간을 3~6개월로 단축할 수 있다. 물론 무조건 등록되는 것은 아니고 똑같이 특허 심사를 받기 때문에 거절당할 수도 있는 점을 감안해야 한다.

심사를 늦추는 심사 유예 신청

심사를 빨리 받아서 특허권을 빨리 확보하고자 하는 출원인이 있다면, 반대로 최대한 천천히 심사받고 싶어 하는 출원인도 있을 것이다. 이들을 위한 절차가 '심사 유예 신청 절차'다. 이 절차를 이용하면 보통 1년에서 1년 6개월 이후 시작되는 특허 심사를 출원일로부터 3년이 되는 날까지 미룰 수 있다.

이 제도는 언제 필요할까? 특별한 사례일 수 있는데, 무언가가 결정되기를 기다릴 때다. 만약 특허권을 받아야 하는 내용이 아직 결정되지 않았다면 특허 심사를 최대한 미루어야 한다. 그 이유는 특허등록이 결정되기 전까지는 자신이 제출한 특허출원서를 수정할 수 있기 때문이다. 이 절차를 '특허 보정'이라고 한다.

즉, 차후 결정되는 사항에 맞추어 특허출원서를 수정하려 하는 경우에 해당한다. 특허출원서는 글로 제출하는 것이므로 어떻게 쓰느냐에 따라 가질 수 있는 특허 권리가 달라질 수 있다. 그러니 특허출원서에 기록하는 권리 주장(청구 범위)을 기존 내용과 다르게 구성하면 특허받고자 하는 내용도 달라진다.

좋은 예가 '표준 특허'다. '표준'은 국제기구에서 여러 나라 대표가 모여 만든다. 표준은 한번 정해지면 모든 나라가 지켜야 하는 의무와 강제성이 있는 규칙이다. 공통 규격을 통해 여러 물건이 호환될 수 있도록 지원하기 때문이다. 일상에서 쓰이는 나사, 전기 플러그 등의 크기와 모양을 정하는 것부터 휴대전화의 음성 통신이나 동영상 압축, 무선 충전 등의 기술적 표준에 이르기까지 매우 다양하다. 만약 여러분이 출원한 특허 기술과 관련된 표준이 현재 만들어지는 중이라면, 시간이 좀 걸리더라도 표준이 어느 정도 정해지는 시점(보통 3~5년)까지 기다려서 심사받는 것이 좋다. 왜냐하면 표준으로 결정된 내용에 맞추어 특허를 보정하여 특허등록을 받으면 더 유리하기 때문이다.

만약 휴대전화에 흔히 사용되는 '무선 충전 표준 기술'에 내 특허 기술이 적용된다면 어떨까? 수많은 휴대전화에 내 특허권이 쓰이게 되니 특허의 가치가 무척 높아질 것이다.

특허 공개를 앞당기는 조기 공개 신청

앞에서도 이야기했듯 특허출원서는 1년 6개월이 지나면 자동적으로 공개된다. 이 시점이 도래하지 않았는데 빨리 특허출원서를 공개하고 싶어질 수도 있다. 이때를 위한 절차가 '조기 공개 신청'이다.

일반적으로 특허출원서가 공개되는 경우는 두 가지다. 특허출원서가 특허청에 제출된 지 1년 6개월이 지난 경우, 그리고 '우선 심사 신청 절차'를 이용하여 1년 6개월 이전에 특허등록을 받은 경우다.

그럼 왜 사전 공개 제도를 신청해서 미리 특허출원서를 공개하는 걸까? 특허 기술이 빨리 공개되면 좋은 경우가 있을까? 특허 기술을 빠르게 공개해서 다른 사람이나 기업이 자신의 제품을 따라 만들지 못하도록 '미리 방어막을 치는 경우'가 좋은 예다.

어느 기업이 소비자에게 필요한 새로운 제품을 출시하기 위해 준비하고 있다고 가정해보자. 제품에 적용되는 기술을 개발하여 시제품을 만들고 특허를 출원한 후 한창 제품 생산을 준비하는 상황에서 다른 기업이 해당 제품을 따라 만든다면 출시에 큰 문제가 생길 수 있다. 예상하건대 초기 제품 판매가 어려워질 수 있고, 더 나아가 시간을 소모하는 법적 분쟁이 생길 수도 있다. 그래서 이 특허 기술을 적용한 제품을 이미 우리가 만들고 있으니 침범하지 말라는 경고의 의미로 조기에 공개하는 경우가 있다.

또한 타인이 자신의 특허 기술을 침해할 때 공개적으로 경고하는 목적으로도 사용된다. 특허 기술을 침해하는 기업에 공식적으로 공개된 특허를 제시하며 경고하면, 이후부터 해당 기업은 '고의성'을 가지고 내 특허 기술을 불법으로 사용한 것이 된다. 고의로 허락 없이 특허권을 사용하면 향후 고의성 없이 특허권을 사용한 경우보다 더 강력한 형사처벌 등의 법적 처벌(징벌적 손해배상으로 손해액의 5배까지 배상)을 받을 수 있다. 이러한 처벌은, 불법으로 특허를 사용한 기업과 사용료를 협상할 때 값진 협상 카드가 되어준다. 이 협상 카드는 사용료 등을 조율하는 과정에서 더 좋은 결과를 가져오게 해줄 것이다.

기업이나 사람은 각자 처한 상황에 따라 특허 절차를 진행할 필요가 있다. 현재의 특허제도는 나름의 타당한 이유가 있는 상황들에 맞추어 변화하면서 정착되었다. 이렇게 대기 시간을 조절할 수 있는 유연한 절차를 상황에 맞게 잘 사용하면 큰 도움이 된다. 그럼 특허권은 한번 획득하면 영원히 독점권을 가질 수 있을까?

09

특허에도 생애가 있다 -권리 유효기간

사람의 생애처럼 특허에도 생애가 존재한다. 사람의 출생에 해당하는 것은 특허출원, 성인이 되어 주민등록증을 받는 것과 유사한 것은 특허등록이다. 그리고 사람이 일생을 마감하듯 특허권도 출원한 날로부터 20년이 되는 시점에 독점권이 없어진다.

여러분이 특허출원을 하고 심사를 통과하여 특허등록을 받았다고 생각해보자. 참으로 기쁜 일이다. 거기에 더해 여러 절차를 거쳐 받은 특허권이 영원히 유지된다면 더 좋겠지만 특허제도에는 특허 권리의 유효기간이 정해져 있다. 그럼 특허권은 언제까지 독점적 권리를 가지는 걸까?

사람이 태어나서 죽을 때까지의 과정을 '생애'라고 이야기한다. 생애에서 중요한 시점은 울음소리와 함께 태어나는 순간, 학교에 입학하는 순간, 성인이 되는 순간, 직장을 가지는 순간, 결혼하고 아이를 키우는 순간, 나이가 들면서 몸이 아프고 결국 죽음을 맞이하는 순간들이다.

사람의 생애처럼 특허에도 생애가 존재한다. 사람이 태어나는 시점에 해당하는 것은 특허출원이다. 출원된 특허는 심사를 거쳐 특허등록이 되는데, 이것은 사람이 성인이 되어 주민등록증을 받는 것과 유사하다. 주민등록증을 받으면 성인으로서 다양한 권리가 생기는 것처럼, 특허등록을 받으면 자신이 보유한 기술에 대해 국가에서 인정하는 독점적 권리를 지니게 된다. 이 권리를 이용하여 특허 기술에 대한 사용료를 받거나 파는 등의 자유로운 재산권 행사도 할 수 있다.

그리고 사람이 다양한 변화를 겪은 후 일생을 마감하듯 특허권도 지속적으로 변화하며 상태가 바뀌다가 출원한 날로부터 20년이 되는 시점에 수명을 다한다.

대표적 지식재산권인 저작권, 특허권, 디자인권, 상표권은 종류에 따라 권리 유효기간이 다르다. 특허권과 디자인권의 유효기간은 출원일로부터 20년으로 연장이 불가하고, 실용실안권은 단순한 기술의 조합에 해당하므로 특허보다 짧은 10년이 주어진다.

상표권은 권리 유효기간이 출원일로부터 10년으로 다소 짧지만 계속 연장할 수 있다.

저작권은 저작물을 만든 사람인 저작권자가 죽은 후 70년이 지난 시점에 수명이 끝난다. 여담이지만, 기술 연구자들은 저작권의 권리 유효기간을 알게 되면 노래를 만들거나 그림을 그려야겠다고 우스갯소리를 하곤 한다.

지식재산권의 종류에 따라 정해진 유효기간이 끝나면 특허, 디자인, 상표 그리고 저작물에 적용된 기술이나 창작물은 누구든 무료로 사용할 수 있다. 기술이나 창작물을 무료로 사용할 수 있다는 것은 많은 사람에게 반가운 소식이다.

그러나 지식재산권을 보유하고 있는 기업 입장에서는 매우 안타까운 일일 것이다. 사업을 운영하는 기업이 독점적 권리를 잃어버린다면 경쟁 제품이 등장하므로 시장 지배력이 많이 낮아지고 피해도 상당할 것이다. 따라서 지식재산권을 보유한 기업은 다양한 방법으로 권리 유효기간을 늘리기 위해 노력한다.

그 방법 중 하나는 권리 유효기간의 특성을 이용하여 지식재산권의 유효기간을 연장하는 효과를 얻기 위해 상표권을 활용하는 것이다. 상표 종류 중에는 그림으로 표현된 그림 상표가 있는데, 디자인권과 밀접한 상품 외관을 그림으로 표현하여 상표를 출원하는 방법이다.

코카콜라 병 모양의 그림 상표가 상표권을 활용하여 권리 유효기간 연장 효과를 발휘한 사례에 해당한다. 지금까지 살펴본 지식재산권 중 코카콜라 병 모양에 가장 밀접한 것은 디자인권이다. 상품의 외관을 미적 감각을 느낄 수 있도록 창작하였고, 상업적으로 대량생산하여 판매되기 때문이다. 하지만 전략적으로 병 모양의 그림을 상표권으로 출원하고 10년마다 연장함으로써 계속 해당 권리를 확보하는 효과를 얻고 있다.

이렇듯 기업들도 지식재산 권리를 최대한 보장받기 위해 고민하며 방법을 찾아 실천에 옮기고 있다. 그만큼 지식재산권의 파급효과가 크다는 것을 알 수 있다.

그럼 특허등록을 받기 전에는 아무 권리가 없는 걸까? 특허등록까지 많은 시간이 소요되면 그 기간 동안에는 독점권을 행사할 수 없을까?

10

출원서를 제출만 해도 권리가 생긴다

특허권이 얼마만큼 큰 권리를 가지는지는 심사를 거친 후 특허가 등록되는 시점에 결정된다. 그렇지만 해당 '특허권을 가질 수 있는 권리'는 특허를 신청하는 특허출원 시점부터 발생한다.

앞서 설명한 특허제도의 절차를 다시 한번 살펴보면 다음 그림과 같다. 여기서 특허출원을 하고 특허등록을 받기 전까지의 기간은 어떤 상태라고 볼 수 있는지 궁금증이 떠오를 것이다.

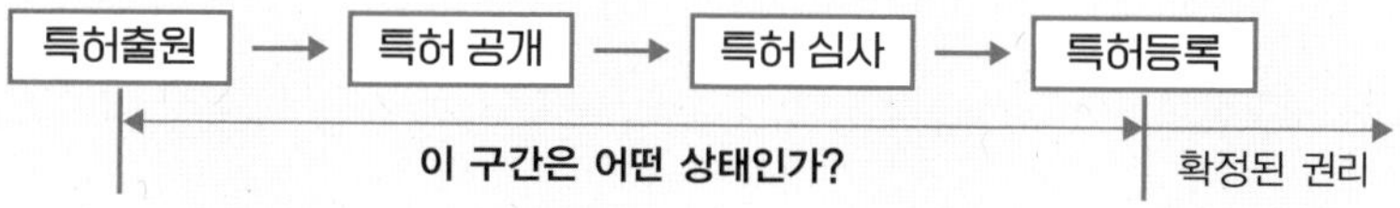

특허등록 이후 특허권이 확정되는데, 그럼 특허등록 이전에는 아무런 권리가 없는 것일까? 그렇지 않다. 아무 권리가 없는 것이 아니라 '특허를 받을 수 있는 권리'를 지닌 상태라고 할 수 있다. 이 애매한 권리는 무엇일까?

특허권이 얼마만큼 큰 권리를 가지는지는 심사를 거친 후 특허가 등록되는 시점에 결정된다. 그러나 해당 '권리를 가질 수 있는 자격'은 특허등록 시점이 아니라 특허출원 시점부터 생긴다고 할 수 있다. 비록 특허 권리가 확정되지 않았으나 해당 특허권을 받을 수 있는 권리(자격의 개념)는 특허출원 시점부터 지니게 된다.

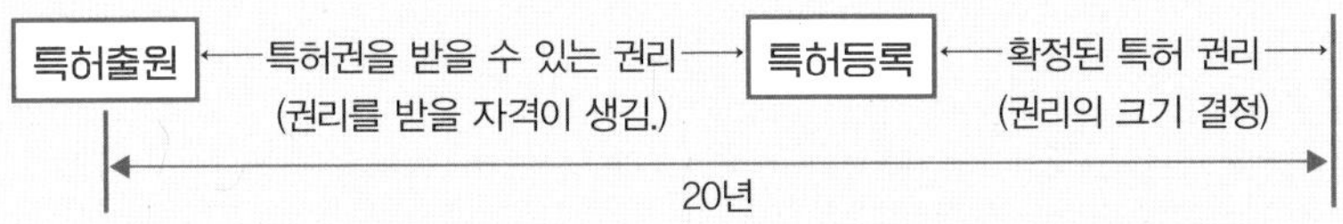

예를 들어 한 기업이 내 특허 기술을 특허등록되기 전부터 사용하고 있었다고 가정해보자. 내가 특허 심사를 통과해서 등록받는 순간 내 특허 기술을 사용하고 있는 기업에 사용료를 요구할 수 있게 되는데, 사용료를 계산할 때 언제부터의 금액을 산정할 수 있을까?

사용료를 청구할 수 있는 시작 시점은 특허등록 시점이 아니라 그 이전에 기업이 내 특허 기술을 사용하기 시작한 날이다. 즉, 내가 특허 권리를 받을 수 있는 자격은 특허출원일부터 가지고 있었다고 할 수 있다.

참고로 그 기업이 내 특허출원 시점보다 먼저 특허 기술을 사용하고 있었다면 내가 출원한 특허 기술이 '새로운 것'이 아니므로 특허등록을 받지 못했을 것이다.

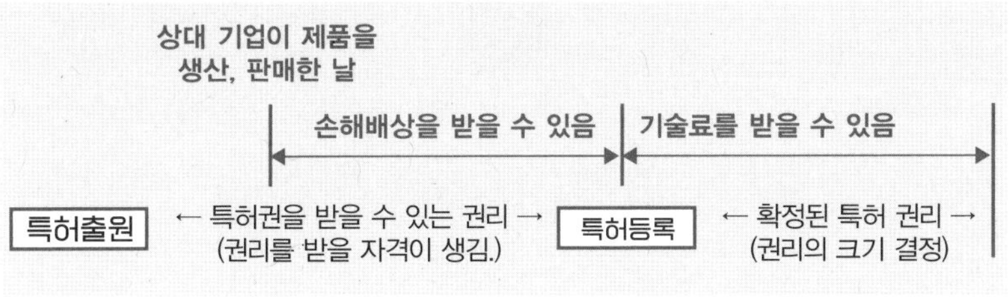

특허 권리 유효기간은 권리를 받을 수 있는 자격이 생긴 특허출원일을 기준으로 20년이다. 즉, 특허출원일로부터 확정된 특허권은 아니지만 '특허를 받을 수 있는 권리'는 가지고 있다고 할 수 있다.

따라서 특허등록 전일지라도 출원 상태의 특허를 판매할 수 있다. 이때 거래 대상은 특허권이 아닌 '특허를 받을 수 있는 권리'가 된다.

그런데 아직 특허 권리가 확정되지 않은 출원 특허를 왜 사려고 할까? 그 특허 기술의 가치가 엄청나서 미리 권리를 확보해야겠다고 판단하여 사들이는 경우가 일반적이다.

의약품을 만드는 기초 물질에 관한 특허는 출원 상태에서도 자주 거래된다. 이는 신규 물질을 기반으로 큰돈이 되는 혁신적인 신약을 만들기 위한 사전 작업이기도 하고, 경쟁사가 신규 물질을 선점하는 것을 막는 방법이기도 하기 때문이다. 개발될 예정인 땅이 있다면 땅에 대한 권리를 빨리 사두는 것과 비슷하다.

그런데 특허의 권리 유효기간인 20년은 너무 짧은 것 아닌가? 이 기간은 조정하거나 늘릴 수 없는 걸까?

11

권리 기간이 너무 짧다면

기술이 빠르게 변화하는 시대에는 20년 전에 발명된 특허 기술이 쓰일지 여부가 미지수다. 하지만 가치 높은 특허 기술을 지닌 기업은 권리 유효기간을 1년이라도 연장하기 위해 다양하게 노력한다.

앞에서 언급한 특허권의 권리 유효기간인 20년은 다소 짧게 느껴질 수도 있다. 내가 특허 관련 업무를 처음 접했을 때는 권리 유효기간이 정해져 있다는 것을 생각하지 못했다. 그저 특허를 출원한 사람이 죽을 때까지 권리를 지닌다고 생각했다.

그러나 깊이 생각해보면 특허제도를 운영하는 국가로서는 한 사람이 특정 기술을 영원히 독점하는 것은 바람직하지 않을 것이다. 그래서 적정한 기간을 정해 해당 기간만 독점권을 부여하기로 했다. 이 기간은 국제조약에 의해 대부분의 국가가 20년으로 정하고 있다.

예외적으로 산업 발전이 더딘 미개발국에서는 특허 권리 유효기간을 10년 정도로 정하기도 한다. 외국인들이 해당 국가에서 특허권을 오랫동안 가지고 있으면 자국 산업이 자주적으로 발전하기 어려울 수 있다는 판단에 따른 조치다. 즉, 산업 발전이 더딘 국가에서는 상대적으로 기술 경쟁력이 높은 외국 기업이 특허권을 가질 가능성이 높은데, 이때 자국 기업이 제품을 만들어 팔려고 할 때 외국 기업의 특허권이 장벽이 될 수 있기 때문이다. 그래서 권리 유효기간을 최소한으로 설정하고, 이후에는 자국 기업이 무료로 사용하도록 한다.

여기서 20년이란 유효기간에 관해 생각해보자. 우리는 기술이 무척 빠르게 변화하는 시대에 살고 있다. 20년 뒤의 세상을 상상해보면, 그때 20년 전에 발명된 특허 기술이 쓰이고 있을까? 대부분은 쓰이지 않을 확률이 높다. 반면 예외적으로 무척 가치 높은 특허 기술에 대한 권리를 지닌 기업으로서는 20년이란 시간이 짧게만 느껴질 것이다.

여러분의 회사가 엄청난 거액을 투자하여 효과 좋은 의약품을 만들었다고 생각해보자. 해당 의약품이 가져다주는 수익이 엄청나다면, 권리 유효기간을 1년이라도 연장할 수 있는 모든 방법을 찾아 그 기간을 확보할 것이다.

한 예로 미국 제약회사 애브비에서 개발한 '휴미라'라는 자가면역질환 치료제는 2021년 한 해 동안 전 세계에서 25조 원의 매출을 올렸다. 애브비 입장에서 특허권을 1년 더 확보할 수 있다면 그동안 엄청난 매출을 올릴 수 있을 것이다.

많은 기업이 현재 잘 팔리거나 향후 잘 팔릴 수 있는 제품에 적용되는 특허 기술의 권리 유효기간을 늘리기 위해 다양하게 노력하고 있다.

그중 하나는 앞에서 설명한 '상표권을 활용하여 권리 유효기간을 연장하는 것'이다. 그렇지만 상표권은 기술이 반영된 지식재산권이 아니기에 한계가 있다. 여기서는 기술이 반영된 특허권에 관해 이야기하겠다.

특허는 새롭고 더 좋아진 것에 대해 출원할 수 있다. 만약 기업이 기존 특허 기술에 약간의 기능을 추가하여 더 좋은 효과를 발휘하는 기술을 발명했다면 어떨까? 일정한 시간 간격을 두고 개선된 기술과 관련된 특허를 계속 출원하면, 충분히 '특허 권리 유효기간을 늘리는 효과'를 낼 수 있다.

이처럼 하나의 특허를 시작으로 이어달리기를 하듯, 기존 발명에 새로운 개발 내용을 더해 새로운 특허를 출원할 수 있다. 또한 하나의 특허를 다양한 유형으로 분리하여 각 유형마다 특허를 확보할 수도 있다. 따라서 핵심 기술에 대한 특허출원을 하고 나서 내용을 추가하여 다른 특허로 이어가기도 한다. 필요하면 특허를 쪼개서 두 개로 만들기도 하고, 쪼갠 특허를 계속 이어가거나 다시 쪼갤 수도 있다. 물론 이 과정이 쉽지는 않지만 충분히 적용할 수 있어서 실제로 기업들이 활용하고 있다.

이제 특허권이 없는 기업 입장에서 생각해보자. 특허권을 가진 기업의 제품과 유사한 제품을 만들어 팔고자 한다고 가정해보자. 이 기업은 오매불망 특허권을 가진 기업의 권리 유효기간이 만료되기를 기다릴 것이다. 좋은 특허 기술을 무상으로 사용하여 기능이 똑같은 제품을 만들어 팔고자 하기 때문이다.

앞에서 언급한 휴미라라는 약은 현재 특허 권리 유효기간이 만료되어 많은 복제 약이 만들어져 판매되고 있다. 복제 약을 만들고자 하는 기업은 해당 약에 적용된 특허권이 만료되기 전부터 제조 방법을 연구하고, 판매를 위한 인허가 과정을 끝마쳐놓는다. 그리고 권리 유효기간이 만료되는 시점에 맞춰 생산하고 판매를 시작한다.

복제 약이 약국에서 팔리면 소비자에게 어떤 영향을 미칠까? 기능이 똑같은 약이 다양하게 출시되면 제품 간 판매 경쟁이 불붙고, 결과적으로 가격이 현저히 낮아질 것이다. 결국 소비자 입장에서는 낮은 가격에 기능이 같은 약을 구매할 수 있다. 이런 특허의 특성을 감안하면 특허제도가 정한 20년은 특허권을 가진 기업, 특허권이 없는 기업, 그리고 소비자의 입장을 균형 있게 고려한 합리적인 기간이다.

PART 2

퀴즈로 알아보는 특허의 핵심 개념

• • •

PART 2에서는 특허의 핵심 개념을 살펴보려 한다. 다소 어려울 수 있기 때문에 이야기를 쉽게 풀어나가기 위해 생활에서 흔히 접하는 사례에 빗대어 소개하겠다. 또한 중요한 내용은 퀴즈로 구성하여 잘 기억할 수 있도록 했다.

먼저 살펴볼 내용은 '특허 심사'다. 어떤 시험이든 '어떻게 평가하는가?'를 알아야 잘 준비할 수 있듯, 특허권을 받기 위해서도 특허 심사를 잘 알고 준비해야 한다.

01

특허 심사 과정

생활 속 사례

취업, 승진, 진학 등을 위해 자격증을 획득해야 한다고 생각해보자. 대부분의 자격증은 학력, 선행 자격증, 경력 요건, 응시료 납부 등의 자격 요건을 확인받고, 많게는 2~3회의 필기·실기 시험 또는 면접을 치르고 합격해야 획득할 수 있다.

특허권을 획득하는 절차도 자격시험과 유사하다. 특허청은 먼저 기본 자격 요건을 확인하는 '방식 심사'를 진행하고, 시험을 보는 것과 비슷한 '실체 심사'를 진행한다.

대부분의 시험은 출제 범위와 문제 유형이 알려져 있듯이 실체 심사의 기준과 요건도 알려져 있기 때문에 사전에 확인하고 특허출원을 준비하는 것이 바람직하다.

내 학창 시절을 돌이켜보면 시험이나 심사가 참으로 싫고 힘들었던 것이 기억난다. 공부를 잘하지 못했기 때문일 수도 있지만, 나름 열심히 준비해도 결과를 장담할 수 없기 때문이기도 했다.

시험에 통과하기 위한 최선의 방법은 무엇일까? '시험 범위는 어떻게 되는가, 어떤 유형의 문제가 나오는가, 어떻게 준비해야 하는가, 어려운 문제를 만난다면 어떻게 헤쳐나가야 하는가' 등을 미리 고민하고 준비하는 것이 가장 현실적인 방법이다.

특허 심사도 학창 시절의 시험과 비슷하다. 심사에 통과하기 위해서는 '심사 과정이 어떻게 진행되는가, 어떤 기준으로 심사하는가, 난관에 봉착했을 때 어떻게 극복해야 하는가'를 먼저 알아보고 준비해야 한다. 여기서는 심사 과정에서 일어나는 여러 일에 관해 설명하겠다.

QUIZ

다음 두 개의 보기는 특허권이라는 자격을 획득하기 위해 넘어야 하는 특허 심사의 종류다. 이 중 더 많은 노력과 시간이 필요한 심사는 무엇일까?

① 형식과 자격을 검사하는 '방식 심사'
② 실제 특허권을 받을 수 있는 기술 내용인지를 검사하는 '실체 심사'

ANSWER

특허 심사 중 더 많은 노력과 시간이 필요한 것은 ② '실체 심사'다.

자격 요건 검사와 비슷한 방식 심사

특허출원을 하려면 특허청에서 '특허출원서' 양식을 받고 안내에 따라 작성해야 한다. 이후 특허청은 출원인의 자격, 특허출원서 형식 준수 여부와 수수료 납부 여부 등을 검사하는데, 이를 '방식 심사'라고 한다.

자격증 시험을 보기 전에 자격 요건을 갖추었는지? 제출 양식을 잘 채웠는지? 수수료는 납부했는지? 등의 기본 사항을 점검하는 것과 비슷하다.

필기 시험 및 면접과 비슷한 실체 심사

실제로 중요한 심사는 방식 심사 다음에 이루어지는 '실체 심사'다. '실체(외형의 실제 모양)'라는 단어에서도 알 수 있듯 특허출원서에 쓰인 발명 내용을 상세히 들여다보고, 특허등록 요건을 모두 갖췄는지를 검사한다. 자격시험은 대부분 시험장에서 진행되지만 특허 심사는 도서전 공모처럼 미리 작성된 특허출원서를 심사한다는 점이 다르다.

실체 심사는 특허청 심사관들이 진행한다. 국가의 이름으로 권리를 인정해주는 일이다 보니 심사관 개개인의 기준으로 심사하지 않고 공통 기준인 '특허 심사 지침'에 따라 일관되게 진행한다.

그럼 실체 심사에서는 무엇을 검사할까?

QUIZ

다음 세 개의 보기는 특허 심사 중 실체 심사를 통과하기 위해 갖추어야 하는 요건이다. 이 중 '기존 기술이나 서비스보다 좋아졌다'를 심사하는 특허등록 요건은 무엇일까?

① 기존에 없던 새로운 것이어야 한다는 것을 나타내는 '신규성'
(통과 난이도 ★★)

② 기존의 것보다 더 좋아졌다는 것을 나타내는 '진보성'
(통과 난이도 ★★★)

③ 국가 산업 발전에 이바지해야 한다는 '산업상 활용 가능성'
(통과 난이도 ★)

ANSWER

특허의 '실체 심사'를 통과하기 위해 갖추어야 하는 요건 중 기존 기술이나 서비스보다 좋아졌다는 것을 나타내는 요건은 ② 기존의 것보다 더 좋아졌다는 것을 나타내는 '진보성'이다. 많은 기술이 특허권 획득에 실패하는 주요 원인은 진보성을 만족하지 못하기 때문이다.

앞의 퀴즈에서 언급한 ① '신규성', ② '진보성', ③ '산업상 활용 가능성'은 특허권을 획득하기 위해 특허 기술이 만족해야 하는 요건들이다. 세 가지 요건을 살펴보자.

① 새로운 것을 의미하는 신규성

신규성은 발명한 기술 내용이 세상에 없었던 새로운 것이어야 한다는 의미다. '세상에 없었던 것'이라고 하니 거창해 보일 수 있는데, 기존 물건에 새로운 기능을 추가해 더 좋아진 물건을 만드는 것도 '새로운 것'에 포함된다.

나는 신규성 개념을 처음 접했을 때 타임머신처럼 세상에 없는 엄청난 무언가를 만들어야 '새로운 것'이 된다고 생각했다. 내 생각대로였다면 특허 권리를 받을 수 있는 사람은 거의 없었을 것이다.

우리가 일상생활에서 쓰는 의자에 새로운 기능을 넣어 '새로운 의자'를 만들었다고 하자. 그럼 그 의자도 '새로운 것'에 해당된다. 예를 들어 의자에 집중력 향상을 지원하는 소리 발생기를 부착했는데 기존에 동일한 기능을 하는 의자가 없었다면 신규성을 만족한다고 볼 수 있다.

신규성을 만족하지 못해 특허 심사에서 거절되는 경우는 생각보다 많지 않다. 대부분의 특허출원인은 '특허는 새로운 것'이어야 한다는 점을 알고, 주변에 비슷한 것이 있는지 조사한 후 특허출원을 진행하기 때문이다.

신규성이라는 요건의 문턱은 난이도가 보통 정도여서 사전 조사를 통해 발명 내용과 똑같은 자료나 물건을 찾지 못했다면 무난하게 넘을 수 있다.

신규성이라는 문턱을 넘고 나면 '진보성'이라는 생각보다 높은 산이 기다리고 있다. 이 산을 넘으면 목표 지점이 보이니 마지막 고비라고 할 수 있다.

② 더 좋아진 것을 나타내는 진보성

특허 심사에서 특허등록이 거절되는 가장 큰 이유는 등록 요건 중 진보성을 만족하지 못하기 때문이다. 실제로 60~70%의 특허출원서가 진보성을 만족하지 못해 거절당할 정도로 심사에 미치는 영향이 크다.

'진보'는 무얼 의미하는 것일까? 뭔가 '더 좋은 방향으로 개선된 것'을 뜻하는 듯하다. 맞다. 특허권을 받고자 하는 발명품이 세상에 있는 기존 물건이나 서비스보다 '더 좋은 방향으로 개선된 것이어야 한다'는 의미다.

단순히 생각해봐도 주위에 널려 있는 제품과 서비스 수준의 발명에 특허권을 부여한다면, 현재 사용되는 제품이나 서비스를 제시하며 본인의 특허권을 주장하는 사람이 넘쳐날 것이다. 그러니 적어도 현재 것보다 진보한 것에만 특허권을 부여하는 것은 당연한 이치다.

그런데 '더 좋아진 것'이라는 개념은 개인마다 다르게 생각할 수 있다. 그래서 특허청은 심사의 일관성과 객관성을 위해, 해당 기술 분야에서 일하는 '보통(통상)의 기술자' 정도(특허제도에서는 이를 '당업자'

라고 한다)의 지식 수준에서 심사를 진행해야 한다고 규정하고 있다.

'보통(통상)의 기술자 정도의 지식을 지녔다'라는 표현이 모호해 보일 수도 있다. 만약 해당 분야의 박사 학위가 있는 사람이 발명 내용을 평가한다면, 지식이 많고 깊기 때문에 무척 까다롭게 평가할 것이다. 그에 따라 대부분의 특허출원서가 진보성을 만족하지 못해 거절당할 것이다. 반면 대학을 갓 졸업한 연구원이 '더 좋아졌다'를 판단할 때는 아직 지식이 깊지 않아 다분히 관대하게 평가할 가능성이 높다. 그래서 발명 내용을 심사하는 사람의 기준을 해당 기술 분야에서 '보통의 지식을 가진 기술자'라고 규정하고 있다.

하지만 실제로는 대부분의 특허청 심사관이 해당 기술 분야 박사들이기 때문에 다소 엄격하게 진보성을 심사한다고 볼 수 있다.

TIP 진보성 요건을 점검하는 세 가지 물음

특허를 출원하기 전에 진보성을 판단하려면 무엇을 확인해야 할까? 일반적으로 ① 특허 기술의 '목적이 특이한가?', ② 특허 기술의 '구성이 곤란한가?', ③ 특허 기술의 '효과가 탁월한가?'라는 세 가지 물음에 답해보면 된다. 세 가지 모두를 만족해야 하는 것은 아니고, 한 개만이라도 확실히 만족한다면 진보성이란 높은 산을 뛰어넘을 가능성이 크다.

① '목적이 특이하다'

특허권을 위한 발명 기술의 목적이 현재 기술과 두드러지게 달라야 한다는 의미다. 예를 들어 여러분이 제트 비행기의 엔진 앞부분에 장착되는 프로펠러를 발명했다고 생각해보자. 기존 제트 비행기 엔진의 프로펠러는 외부 공기를 압축하여 빨아들여 엔진이 연료와 공기를 잘 혼합하도록 도왔다. 그런데 근래 새가 프로펠러를 통과하여 엔진에 빨려 들어가는 사고가 빈번하게 발생하고 있다고 가정해보자. 이 문제를 해결하기 위해 새로운 프로펠러를 개발했는데, 해당 기술의 핵심은 공기를 압축하여 엔진으로 들여보내는 기능은 유지하면서 새 같은 물체는 튕겨내는 기능을 추가한 것이었다. 이 발명에 대해 특허를 출원하여 특허권을 확보하려고 한다.

기존 프로펠러는 압축공기를 흡입하여 연료와 잘 혼합되도록 지원하는 데 그쳤으나, 새롭게 발명한 프로펠러는 이물질 흡입을 방지하는 새로운 목적이 추가되었다고 볼 수 있다. 즉, 특허 기술에 기존의 목적과 다른 두드러진 목적이 추가되어 '목적의 특이성'을 만족한다고 볼 수 있다.

② '구성이 곤란하다'

누구나 쉽게 만들 수 있는 정도의 발명은 진보했다고 인정받기 어렵다. '구성이 곤란하다'라는 말의 의미는 해당 분야의 '보통 기술자'가 주위에서 쉽게 구할 수 있는 자료나 장치들을 조합하여 어렵지 않게 만들 수 있는 정도의 발명으로는 진보성을 인정받기 어렵다는 것이다.

앞의 비행기 프로펠러 사례에서 새가 빨려 들어가는 것을 방지하는 기능이 있는 프로펠러를 개발하여 사용하고 있다고 하자. 그런데 경쟁 회사에서 그 프로펠러를 모방하여 단순히 날개 개수만 하나 늘린 새로운 프로펠러 기술을 특허출원했을 때 '구성이 곤란하다'라고 할 수 있을까? 아마도 특허 심사관은 해당 기술 분야의 보통의 기술자가 주위 기술을 조사하여 어렵지 않게 구성할 수 있는 수준의 발명이라 판단할 것이다. 이때는 '구성이 곤란하다'라고 인정받기 힘들다.

③ '효과가 탁월하다'

'효과가 탁월하다'는 발명의 목적이나 구성이 이전의 물건이나 서비스와 비슷하더라도, 약간 추가된 내용으로 인해 '현재 우리가 사용하는 기술을 적용했을 때보다 효과가 훨씬 우월하다'는 뜻이다. 예컨대 앞의 안전사고 예방용 프로펠러가 잘 동작하는데, 기존 프로펠러에 비해 성능이 60%에 그친다고 가정해보자. 이때 프로펠러 날개에 깃털 모양의 돌기를 부착하는 방식으로 구조를 조금 변경하여 성능을 90%까지 향상시키면 어떻게 볼 수 있을까. 돌기를 형성하는 쉬운 기술을 차용하여 구성이 곤란하진 않지만, 이물질이 엔진으로 유입되는 것을 예방하면서 성능을 탁월하게 높이는 효과를 창출해낸 발명이므로 '효과가 탁월하다'라고 할 수 있다.

발명의 목적이 특이하거나 구성이 곤란하지 않아도 효과가 현저히 탁월하다면 진보성을 인정받을 수 있다. 이렇게 효과가 탁월하다고 주장할 때는 특허출원서에 효과를 검증한 실험 결과 데이터를 기재해야 심사관이 판단할 수 있다.

진보성은 판단이 다소 어려운 부분이지만, 앞의 내용을 알면 심사 결과가 좋지 않더라도 심사관을 설득하여 특허권을 획득하는 방법에 대한 감을 잡을 수 있을 것이다. 자신의 특허 기술은 '목적이 특이해! 구성이 곤란해! 효과가 탁월해!'에 초점을 맞추어 심사관을 설득하는 것이 가장 합리적인 방법이다.

③ 국가 산업 발전에 이바지해야 한다는 산업상 활용 가능성

'산업상 활용 가능성'은 산업에 기여할 수 있어야 한다는 의미다. 역으로 생각하면 산업 발전에 도움이 되지 않는 마약, 담배, 살상 무기 등의 기술은 특허권을 획득할 수 없다는 것을 말한다.

만약 앞의 세 가지 요건을 만족하지 못해 심사관이 특허등록 거절 사유를 통보했다고 해도 최종적으로 거절이 확정되는 것은 아니다. 심사관이 거절 사유로 제시한 내용을 감안하여 특허명세서를 수정하거나 내용에 관해 소명할 기회가 주어지기 때문이다. 특허권을 위해 '이렇게 까다롭게 심사받아야 하나?'라는 생각이 들 수도 있지만, 다른 사람이 가질 수 없는 독점적 권리에 관한 일이라는 것을 이해하고 미리 준비하는 것이 최선이다.

TIP 특허출원 전에 해야 하는 선행 문헌 검색

만약 특허출원을 하고자 한다면 반드시 해야 하는 일이 있다. 특허를 출원하기 전에 특허등록을 받을 수 있는지를 점검하는 것이다. 만약 이런 사전 조사 없이 특허출원을 했는데 누군가가 이미 개발하여 공개한 기술이라면, 의미 있다고 생각했던 특허출원이 오히려 시간과 노력만 허비한 일이 될 것이다. 처음부터 특허등록이 불가능한 특허를 바라보며 심사가 시작될 때까지 기다리기만 한다면 안타까운 시간 낭비다.

만약 내 발명과 똑같거나 유사한 기술을 포함한 기술 자료를 미리 발견했다면 내 발명을 보완하여 더 향상시키고 특허등록을 받을 수 있다. 그러므로 특허출원을 하기 전에 반드시 '선행 문헌 검색'을 해야 한다.

선행 문헌 검색은 이미 공개된 특허, 발표된 논문, 인터넷에서 찾을 수 있는 기술 문서, 유사 제품을 만드는 기업의 제품 카탈로그 등을 찾아보는 것을 말한다. 이를 통해 특허출원하고자 하는 발명이 특허등록 요건인 '새로운 것(신규성), 더 좋아진 것(진보성)'을 만족할 수 있는지를 사전에 확인할 수 있다.

① 선행 특허 검색하기

가장 먼저 선행 문헌을 검색하며 특허를 조사해야 한다. 조사 대상은 1년 6개월이 지나 공개된 모든 특허다.

먼저 공개된 특허를 검색할 때는 특허청에서 제공하는 키프리스(www.kipris.or.kr) 홈페이지에서 핵심 기술 키워드를 입력하면 된다. 만약 발명 내용의 기술 키워드가 다양하면 모두 포함하여 검색해야 한다.

예를 들어 '휴대전화에 부착 가능한 선풍기'라는 발명에 관해 검색할 때는 구성 부분의 명칭과 기능을 나타내는 핵심 키워드를 사용하면 된다.

기본 (구성 부분 키워드+기능 키워드) 구성

→ "휴대전화+부착+선풍기"

확장 (다양한 유사 용어로 확장) 구성

→ "(휴대전화, 핸드폰, 스마트폰, 무선전화기)

+ (부착, 결합, 체결)

+ (선풍기, 쿨링 팬, 팬, 서큘레이터)"

* ',', '+' 등의 검색어 결합 부호는 검색 서비스마다 다를 수 있다. 검색 서비스를 이용하기 전에 해당 서비스의 도움말을 확인하자.

② 먼저 공개된 선행 논문 검색하기

다음으로 검색해야 하는 선행 문헌은 논문이다. 논문의 경우 많은 연구자가 최신 연구 결과를 학회 등에서 발표하기 때문에, 최신 공개 논문이 특허 발명과 유사한지 확인할 수 있으니 반드시 살펴봐야 한다. 특히 특허 검색에서 확인할 수 없는 1년 6개월(특허 미공개 기간) 동안의 최신 정보를 논문 검색을 통해 보완할 수 있다는 점에서도 유용한 문헌 검색 방법이다.

학회에 발표된 논문이나 기술 문서만 모아 유료로 제공하는 논문 정보 서비스가 있으나 많은 비용이 든다. 그러므로 일반인은 '구글 스칼라(scholar.google.com)'나 '학술 연구 정보 서비스(riss.kr)' 등의 무료 서비스로 검색하면 된다. 논문에 대한 검색 키워드 구성은 특허와 같으니 앞의 예를 참고하면 된다.

③ 먼저 공개된 제품 자료 검색하기

특허와 논문을 살펴보았다면 선행 문헌을 대부분 검색했다고 할 수 있다. 남은 일은 유사 제품을 찾아보고 제품에 적용된 기술을 살펴보는 것이다.

발명과 관련된 제품을 판매하는 기업의 홈페이지에서 카탈로그를 입수하거나 전시회의 해당 기업 부스에서 자료를 얻는 방법 등이 있다. 그러나 기업은 내부 자료를 외부에 공개하지 않는 경향이 있어서 제한적인 자료만 확보할 수 있을 것이다.

기업이 공개하지 않아 찾지 못하는 자료는 심사관도 접근하기 어려울 수 있으니, 현재 찾을 수 있는 자료를 조사해보자.

앞에서 설명한 방법으로 선행 문헌을 검색하면 되지만, 실제로는 경험과 시간이 부족하여 직접 하기 어려운 경우도 있다. 이때 특허법률사무소의 변리사나 전문 검색사에게 선행 문헌 검색을 맡길 수도 있다. 만약 특허출원서를 전문적으로 작성하는 변리사에게 요청했다면 변리사가 특허출원서를 작성하기 전 발명 내용에 대한 선행 문헌 검색을 지원하는 것이 일반적이므로 이를 이용하는 것도 좋다.

일반적으로 변리사에게 선행 문헌 검색, 특허출원서 작성, 특허출원서 제출 업무를 맡기면 대략 1백만~2백만 원의 비용이 든다. 물론 해외 특허출원까지 진행하면 더 많은 비용이 필요하다.

만약 이렇게 진행한 선행 문헌 검색에서 발명 내용과 똑같거나 유사한 문헌을 발견하면 어떻게 해야 할까? 출원하고자 하는 특허 발명 내용을 다시 한번 살펴보고, 찾은 선행 문헌과 비교하여 내 기술이 차별화될 수 있는지 확인해야 한다.

만약 차별화할 수 있다면 그 요소를 더 강조하여 특허출원서를 작성하면 된다. 그러나 선행 문헌과의 차별성을 확보하지 못하면 특허출원 여부를 고민해봐야 한다. 참고로, 특허청 심사관은 선행 문헌 검색에 상당한 전문성이 있어서 더 많은 자료를 찾아냈을 가능성이 높으니 유의해야 한다.

특허청과 지방자치단체 소속 발명 진흥 기관에서는 선행 문헌 검색의 중요성을 인지하여 체계적이면서 전문성 높은 검색 교육을 실시하고 있다. 또한 해당 능력을 인정해주는 IP 정보 검색사 자격증을 운영하고 있다. 온라인 교육의 경우 특허청에서 운영하는 '국가 지식재산 교육 포털(www.ipacademy.net)'에서 관련 강의를 무료로 수강할 수 있다.

02

특허출원은 무조건 빨리하자

생활 속 사례

자신이 친구 세 명과 함께 기차여행을 위해 좌석을 예약한다고 생각해보자. 네 명이 서로 바라보는 자리를 차지하기 위해서는 어떻게 해야 할까? 다른 사람들이 해당 자리를 차지하기 전에 먼저 좌석을 지정하고 예약을 완료해야 한다.

특허도 이와 비슷하다. 특정 기술에 대한 특허를 먼저 출원한 사람이 해당 기술의 특허권을 차지할 수 있다. 다른 사람이 먼저 출원한 기술이 있다면 심사에서 거절당한다.

QUIZ

특허 심사에서 새롭고 좋아진 것에 해당하는 특허등록 요건을 판단하는 데는 기준 시점이 무척 중요하다. 새로운 물건이 매일 출시되고 있기 때문에 오늘 기준으로 심사하면 통과되고, 내일 기준으로 진행하면 통과되지 않을 수도 있다. 오늘 제출한 특허 기술과 유사한 제품이 어제 시중에 출시되었다면 신규성을 충족하지 못하기 때문이다. 이렇게 중요한 특허 심사를 할 때 '등록 요건을 판단하는 시점'은 언제를 기준으로 할까?

① 특허출원서를 특허청에 제출한 날(특허출원일)

② 특허 심사를 시작한 날

③ 특허 심사에 통과하여 등록받은 날(특허등록일)

ANSWER

특허 심사 등록 요건을 판단하기 위한 기준 시점은 ① 특허출원서를 특허청에 제출한 날(특허출원일)이다. 특허를 출원하기 전에 자신의 특허 관련 기술 자료를 공개하지 않아야 한다는 점을 반드시 기억해야 한다.

출원은 최대한 빠르게

앞에서 특허권을 획득하기 위해 갖추어야 하는 세 가지 요건을 살펴보았다. 이 요건들과 관련하여 고려해야 하는 매우 중요한 요소가 있다. 바로 '새로운 것(신규성)', '더 좋아진 것(진보성)'을 심사할 때 언제를 기준으로 하느냐다.

특허는 신청한 날인 특허출원일에 바로 심사가 시작되지 않는다. 다른 사람들이 먼저 제출한 특허출원서가 쌓여 있기 때문에 심사 시작까지는 1년 6개월 정도가 필요하다. 이렇게 언제 시작되는지 알 수 없는 날짜를 기준으로 특허 심사가 진행된다면 많은 혼란이 생길 수 있다.

특허 심사 기준일에 관해 한 가지 예를 들어보자. 특허청 심사관이 심사를 위해 특허출원서의 발명 내용과 관련된 자료를 조사하다가 내용이 유사한 기술 논문을 찾았다고 하자. 그런데 해당 논문이 심사하고 있는 특허의 출원일보다 6개월 늦게 발행되었다면 논문을 심사에 활용하여 특허등록 요건을 판단해도 될까? 정답은 '그렇지 않다'다. 해당 논문을 사용하여 특허등록 요건을 심사해서는 안 된다.

특허등록 요건은 특허출원일을 기준으로 적용해야 한다. 즉, 심사관이 찾아서 비교하는 자료는 심사 중인 특허출원서의 출원일 이전 자료여야 한다.

이런 이유로 특허에 대해 잘 아는 사람은 주위 사람들에게 '특허 출원부터 빨리해. 다른 사람이 같은 내용을 먼저 특허출원하거나, 관련 기술 자료가 출원일보다 먼저 온라인에 공개되면 등록받을 수 없어!'라며 당부하는 것이다.

다시 한번 강조하면, 특허의 기준일은 발명을 완성한 날이나 특허 심사를 시작한 날이 아닌 '특허청에 출원서를 제출한 날'이다.

이런 이유로 특허 아이디어가 구체화되면 빠르게 출원서를 제출하여 발명의 기준 일자, 즉 추후 특허 심사할 때 기준이 되는 날짜를 최대한 빠르게 확정받는 것이 매우 중요하다. 특히 기업 사이에서 촌각을 다투는 기술은 하루라도 빠르게 특허출원을 진행하는 것이, 기술 독점권을 확보하기 위한 중요한 전략이다.

빠른 출원이 중요하다는 점을 보여주는 사례가 있다. 바로 전화기를 발명한 알렉산더 그레이엄 벨의 이야기다. 농아를 가르치는 교육자이자 음성생리학 교수였던 벨은 집중적인 연구를 통해 음성을 전기로 전달하는 전화기를 개발했다. 그는 1878년 2월 14일 특허청에 특허를 출원하여 특허권을 획득했다. 한편 엘리샤 그레이라는 연구자는 벨보다 먼저 전화기를 발명하여 대중에게 소개하였으나 반응이 좋지 않자 실망해서 특허를 바로 출원하지 않았다. 연구를 조금 더 진행한 그는 1878년 2월 14일 특허를 출원하였다. 그러나 그레이는 벨보다 2시간 늦게 출원하여 해당 특허권을 얻지 못했다.

이 이야기를 들으면 '고작 2시간인데, 그 짧은 시간 동안 다른 사람이 특허를 출원하겠어?'라고 생각하겠지만, 세상에는 수많은 사람이 있고 나와 비슷하게 생각하며 행동한다는 것을 잊지 말자.

특허출원 전에 기술을 공개하면 안 되는 이유

특허출원과 관련하여 주의할 사항이 하나 더 있다. 특히 논문을 많이 쓰는 연구자나 제품을 출시하기 전 사전 홍보를 진행하려는 기업이 주의해야 하는 내용이다.

특허청에서 특허를 심사할 때는 다른 사람의 특허, 논문, 기술 자료만 조사하지 않는다. 특허출원한 사람이나 기업의 자료도 '새로운 것(신규성)', '더 좋아진 것(진보성)'을 판단할 때 사용한다.

이 말은 특허출원한 사람이 출원일 이전에 많은 사람이 볼 수 있도록 공개한 발명 내용을 담은 문서가 있다면, 이 때문에 신규성을 만족하지 못할 수 있다는 의미다. 예를 들어 한 연구자가 연구 성과를 논문을 통해 학회에 먼저 발표했고 이후 특허출원을 진행했다고 하자. 이때 먼저 발표한 자신의 논문으로 인해 '새로운 것(신규성)'을 만족하지 못해 특허를 거절당할 수 있다. 자신이 공개한 문서 때문에 특허권을 받을 수 없다니 얼마나 억울한 일인가!

이와 관련하여 우리나라는 선공개한 자료(논문 등)를 예외적으로 처리해주는 '공지 예외 주장 절차'를 신청하면, 특허출원일을 기준으로 1년 전에 공개한 자료(논문 등)까지는 특허등록 요건을 판단하는 자료로 사용하지 못하도록 규정하고 있다. 그러나 유럽, 중국 등에서는 이런 예외 주장도 받아들여주지 않거나, 인정 기간을 6개월로 제한하고 특정 행사에서 공개한 자료만 예외 주장으로 인정한다. 그러므로 기술 자료를 공개하기 전에 특허출원을 먼저 해야 한다는 점을 기억해야 한다.

만약 해당 연구자가 논문을 발표한 후 누군가가 해당 논문에 포함된 기술 내용으로 먼저 특허출원을 했다면, 해당 연구자는 특허를 획득하기 어렵다. 또한 기술을 베껴서 특허출원한 사람도 특허등록을 받지 못한다. 하지만 베낀 사람이 자신의 기술을 약간 접목해서 특허출원을 하면 권리를 얻을 수 있으니 유의해야 한다.

만약 특허출원서 내용을 작성하는 데 많은 시간이 걸린다면 논문이나 기술 자료, 발명 신고서 등 현재까지 작성한 자료만 파일로 첨부하여 빠르게 출원하는 '임시 명세서 출원' 절차를 활용할 수도 있다.

TIP 임시 명세서 출원 제도

출원이 급하면 임시 명세서 출원 제도를 활용할 수도 있다. 입력 항목이 많은 특허출원서 양식을 모두 작성할 필요 없이 파일만 첨부하여 출원하고 1년 2개월 내에 양식에 맞추어 보정하면 된다. 그러나 임시 명세서 출원을 할 때 알아야 할 점이 있다. 임시 명세서를 제출할 때는 자신의 자료 모두를 첨부해야 한다. 1년 2개월이 지나 출원서를 양식에 맞추어 보정할 때는 새로운 기술 내용을 추가할 수 없기 때문이다.

〈임시 명세서 출원 방법〉

① 특허권을 받고자 하는 논문, 발명 경진 대회 발명품 설명서, 발명 신고서, 제품 소개 자료 등을 첨부한다.

② 발명의 명칭을 기입하여 제출한 후 발급된 특허출원 번호를 확인하면 된다.

특허출원서_특허출원
* 표시는 필수 입력사항입니다.
상세설명보기
대리인 ?
발명의 명칭 *
KIPRIS 문장검색
명세서 첨부형식
통합명세서작성기로 작성된 명세서
한글, MS-Word로 작성된 명세서
임시명세서(청구범위제출유예) 출원
한글/MS워드 양식/예제 다운로드
1
명세서 첨부
논문이나 발명 경진 대회 설명서 첨부
파일찾기
파일삭제
CMYK모드와 Progressive형태의 JPG파일은 제출하실 수 없으며, 압축되지 않은 STANDARD형태의 JPG이미지를 권장합니다.
2
발명의 국문 명칭
발명의 이름 기입
발명의 영문 명칭
※발명의 명칭(국문/영문)은 반드시 명세서에 기재한 명칭과 동일해야합니다.
• 파일명에는 공백(Space)등 특수문자가 올 수 없습니다.
• 사용불가 특수문자 : &'.,@|~\:#/\s<;$\t*>`%?!^
발명자 * ?
추가
성명/명칭
특허고객번호
주소

03

특허출원서 작성, 유형을 알면 답이 보인다

생활 속 사례

실을 가지고 하는 '실뜨기'라는 놀이가 있다. 실로 패턴을 만들어 제시하면 상대가 다른 패턴으로 변환하는 게임이다. 놀이에서 상대가 제시한 패턴의 유형을 파악하면 자신이 해야 하는 동작을 알 수 있다.

특허출원서 작성도 마찬가지다. 심사를 통과하기 위해서는 특허출원서를 어떻게 작성하면 될까? 가장 효과적인 방법은 이미 나와 있는 특허의 유형을 알아보고, 자신이 출원할 기술의 유형인지를 확인하고 작성하는 것이다.

이제 현실적으로 가장 중요한 '내 특허를 어떻게 작성해야 하는가?'에 관해 설명하겠다.

특허출원서 작성 유형을 미리 알면 내 발명에 관해 작성할 때 비슷한 유형을 참고할 수 있다. 학생이 시험문제 유형을 알면 같은 유형의 문제를 쉽게 풀 수 있는 것과 비슷하다. 유사한 특허출원서를 참고할 때는 삼성전자, LG전자 등 수많은 특허를 내면서 질적으로도 좋은 특허를 확보한 회사의 특허를 우선 참고하는 것이 좋다.

특허 유형은 이미 특허권을 획득한 특허들을 그룹으로 묶으면 알 수 있다. 특허 유형은 크게 ① 물건 특허 유형, ② 제조 방법 특허 유형, ③ 용도 특허 유형으로 구분할 수 있다.

QUIZ

주위에서 흔히 접하는 특허들을 살펴보면 세 가지 유형으로 구분할 수 있다. 다음 유형 중 발명품을 구성하는 요소들을 나누어 표현하고 그 요소들을 연결하여 표현하는 특허 유형은 무엇일까?

① 물건(물질)을 구성하는 여러 요소가 결합된 '물건(물질)' 특허 유형

② 물건(물질)을 만드는 제조 방법에 대한 '물건을 만드는 제조 방법' 특허 유형

③ 물건(물질)의 다른 쓰임새를 발견한 '용도' 특허 유형

ANSWER

발명품을 구성하는 요소들을 나누어 표현하여 완성품을 파악할 수 있도록 한 유형은 ① 물건(물질)을 구성하는 여러 요소가 결합된 '물건(물질)' 특허 유형이다. '물건' 특허 유형은 특허출원 시 가장 권장되는 유형이다.

물건(물질)에 대한 특허 유형

물건 특허 유형은 일상생활에서 사용하는 모든 물건에 해당된다. 냉장고, 세탁기, 자전거, 버스, 가스 차단기, 물컵, 타이어 등등이다. 물건은 눈으로 쉽게 구분할 수 있고, 여러 세부 구성 요소가 결합되어 완성된다.

그래서 물건에 대한 특허를 출원할 때는 발명품의 주요 구성 요소를 먼저 나누고 각 요소를 연결하는 방식으로 '청구 범위'를 작성한다. '특허 청구 범위'라고도 하는 청구 범위는 자신이 특허로 얻고 싶은 내용을 간단명료하게 표현한 글이다.

예컨대 의자라는 물건을 처음 발명했다고 가정해보자. 의자를 특허로 출원할 때는 다음과 같이 청구 범위를 작성하면 된다.

청구항 1

구성 요소 1: 엉덩이를 받쳐주는 '엉덩이 받침판'

구성 요소 2: 엉덩이 '받침판에 부착되어 바닥과 연결된 다리'

구성 요소 3: 엉덩이 '받침판에 부착'되어 사람의 등을 지지하는 '등받이'를

포함하는 것이 특징인 **'의자'**

* '청구항'은 반드시 써야 하는 구분자다.
* '구성 요소 1·2·3'은 실제로 특허출원서에 들어가지는 않는 구분자다. 구성 요소라는 개념을 설명하기 위해 사용한 것이다.

청구항 1을 보면 세 개의 '구성 요소', 즉 엉덩이 받침판, 다리, 등받이를 연결하여 만든 의자를 표현한 청구 범위임을 알 수 있다. 세 개의 구성 요소만 있으면 의자를 완성할 수 있다.

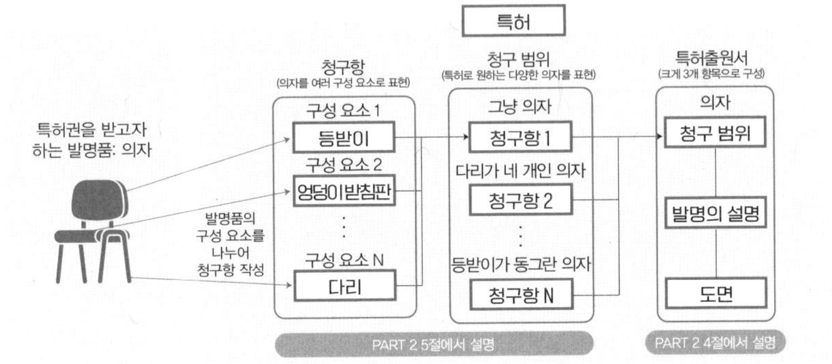

〈특허출원서, 청구 범위, 구성 요소의 개념도〉

앞의 사례에서 글로 작성한 특허 청구 범위를 보면 '의자'라는 물건이 떠오를 수 있다. '물건' 유형의 특허는 완성된 물건을 구성하는 개별 구성 요소를 나누고, 다시 개별 구성 요소 간의 관계를 연결하는 방식으로 표현한다.

물질 특허의 경우 대상 물질이 물건과 비슷하지만 눈으로 구성 요소를 쉽게 파악할 수는 없다. 여러 가지 성분으로 구성된 바이오 분야 의약품, 공장에서 사용하는 화학물질, 집에서 쓰는 세제 등이 물질에 해당한다. 물질 특허는 화학물질이나 화학식 또는 사람의 유전 정보 등이 구성 요소가 되어 작성된다.

물건(물질)의 제조 방법에 관한 특허 유형

만약 앞에서 설명한 물건(물질)에 대한 특허 유형만 세상에 존재한다면 어떤 일이 벌어질까? 물건이 아닌 발명품도 억지로 물건으로 표현해야 하는 문제가 생길 것이다.

의자를 잘 만들기 위해 '체형을 측정하여 컴퓨터로 설계하고 3D 프린터로 출력하는 방법으로 의자를 만드는 발명'을 했다면, 어떻게 특허 청구 범위를 구성할 수 있을까? 최종적으로 만든 것은 의자라는 물건이니 당연히 물건 유형의 특허 청구 범위로 구성하는 것이 옳을까? 답은 '그렇지 않다'다. 이 발명의 특징은 완성된 물건에 있지 않고, 물건을 만드는 방법에 있다. 그래서 의자를 제조하는 방법에 대한 특허 청구 범위를 구성할 때는 다음과 같이 표현할 수 있다.

청구항 1

구성 요소 1: 컴퓨터로 '사람의 체형을 측정하는 단계'

구성 요소 2: 측정한 '체형에서 곡선을 추출하는 단계'

구성 요소 3: '의자의 곡면을 설계하는 단계'

구성 요소 4: '3D 프린터로 추출하는 단계'를 포함한 '의자 제조 방법'

앞의 사례를 보면 의자라는 물건을 나타내는 특허 유형과 확연히 다르다. 의자를 어떻게 만드는지가 머릿속에 떠오르기 때문이다. 이처럼 물건을 만드는 방법을 순서대로 표현하는 방식으로 작성되는 특허가 '물건(물질)의 제조 방법에 대한 특허' 유형에 해당한다.

물건(물질)의 다른 쓰임새를 발견한 용도 특허 유형

'용도' 특허 유형은 물건이나 물질은 같은데 기존에 알려진 용도와 다른 용도를 발견했을 때 출원할 수 있다. 그러다 보니 용도 특허 유형은 새로운 것을 '발명했다'기보다는 같은 물건이나 물질에서 새로운 용도를 '발견했다'는 표현이 더 적합할 수 있다.

예컨대 많은 사람이 애용하는 인삼에 대한 특허를 생각해보자. 인삼은 만들어진 상품에 따라 홍삼, 흑삼 등으로 나뉘며, 만들어진 제품 또는 성분에 대한 물건(물질) 유형의 특허를 출원할 수 있다. 또 홍삼과 흑삼을 제조하기 위해서는 서로 다른 제조 과정(가열하고 말리는 과정)을 거치는데, 이 과정을 구체화하여 제조 방법 유형의 특허로 출원할 수 있다.

마지막으로 등록받을 수 있는 특허 유형은 용도 특허 유형이다. 홍삼이나 흑삼은 면역력을 높이고, 혈액순환을 원활하게 하고, 기억력을 증진하고, 더 나아가 암도 치료할 수 있다는 효과가 널리 알려져 있다. 그런데 어떤 사람이 홍삼이나 흑삼이 탈모에 효과가 있다는 사실을 처음 발견했다면, 탈모에 효과적이라는 용도 특허를 출원할 수 있다. 기존에 몰랐던 물건(물질)의 다른 용도를 찾아내서 사람들에게 유익을 제공하고 산업 발전에 기여한다는 점에서 충분히 특허로서 가치가 있다고 볼 수 있기 때문이다.

의약품이나 건강 기능 식품은 하나의 물건(물질)이 다양한 질병에 효과적인 경우가 많기 때문에 용도 유형의 특허가 많이 출원되고 있다. 용도 유형 특허의 청구 범위는 앞에서 설명한 물건(물질) 청구 범위와 유사하며, 용도만 추가로 기재하면 된다.

용도 특허를 위해서는 새로운 용도와 관련하여 효과가 있다는 것을 실험으로 검증하고 그 결과를 특허 청구서에 기재해야 한다.

이제 새로운 발명을 했을 때 ① '물건(물질)', ② '제조 방법', ③ '용도' 중 어떤 유형으로 특허를 출원해야 할지 구분할 수 있을 것이다. 앞의 인삼 사례처럼 하나의 유형뿐 아니라 세 개 모두에 대해 특허를 받을 수 있다는 점도 기억하자.

제품 판매가 목적인 기업의 경우, 하나의 제품에 다양한 유형의 특허를 확보하는 것이 제품 경쟁력을 인정받는 방법이다. 그러므로 경쟁력을 홍보하기 위해 하나의 발명에도 다양한 유형의 특허권을 확보하는 것이 좋다.

04

글짓기를 잘하면 좋은 특허를 얻는다

생활 속 사례

자신이 회사에 입사하기 위해 지원한다고 가정해보자. 온라인으로 자기소개서를 입력할 때 학력, 경력, 자격 등 정해진 형식으로 쓰는 항목이 있고, 성장 과정, 자신의 강점, 성공 경험 등을 서술하는 부분이 있다. 자신을 잘 표현하여 좋은 평가를 받아 합격하기 위해서는 자기소개서가 중요하다.

특허출원서도 자기소개서와 비슷하다. 어느 정도 형식이 정해진 '주장하고 싶은 기술 내용을 요약하고 구조화'하여 청구 범위를 작성하고, 발명의 목적과 구성, 활용 방안을 서술식으로 작성하고 발명품을 한눈에 파악할 수 있는 도면과 함께 제출하면 된다.

특허 이야기를 하는데 글짓기에 관해 언급해서 다소 의아할 수도 있을 것 같다. 특허 기술은 어떻게 글짓기와 연관될까? 기술이 좋으면 좋은 특허권을 받을 수 있는 것 아닌가? 글을 잘 써야 좋은 특허 권리를 받을 수 있을까?

이 물음에 답하자면 '글을 잘 써야 좋은 특허(내 권리가 크다)를 가

QUIZ

다음은 특허출원서에 작성해야 하는 세 가지 주요 항목이다. 이 중 특허를 출원하고자 하는 사람이 주장하는 기술 내용을 구조화하여 적은 글에 해당하는 것은 무엇일까?

① 내가 주장하는 권리 내용을 요약하고 구조화하여 적는 '청구범위'
② 발명한 특허 기술을 구체적으로 설명하며 적는 '발명의 설명'
③ 발명품의 전체적 모양과 세부적 구성을 보여주는 '도면'

ANSWER

특허출원서의 주요 항목 중 특허 기술의 범위를 구조화하여 주장하는 글은 ① 내가 주장하는 권리 내용을 요약하고 구조화하여 적는 '청구범위'다.

질 수 있다. 글을 잘 쓰지 못하면 좋지 않은 특허(내 권리가 작다)가 된다'라고 말할 수 있다.

자신에게 참신한 아이디어가 떠올라 좋은 발명품을 만들었다고 생각해보자. 해당 발명품을 택배로 보내 제출하면 그것을 보고 심사관이 심사할까? 그렇지 않다. 여러 차례 설명했듯 특허를 얻으려면 글로 써서 제출해야 한다. 즉, 발명한 기술을 최대한 논리적이면서 자세하게 글로 표현해야 한다.

특허출원서에는 내 주장을 요약하는 ① '청구 범위', ② 구체적인 기술 내용과 사용 예시를 제시하는 '발명의 설명', ③ 그림으로 발명 기술을 보여주는 '도면'을 담아야 한다. 좋은 특허를 얻기 위해서는 세 가지 항목을 잘 작성해야 한다. 각 항목에 어떤 내용을 어떻게 적어야 하는지 살펴보자.

기술을 요약하고 구조화하는 청구 범위

특허출원서에서 가장 중요한 청구 범위는 '특허권을 받고자 주장하는 권리 범위를 적어서 제출하는 부분'이다. 청구 범위에 쓰인 단어 하나 때문에 특허출원인이 얻는 권리의 범위가 달라질 수 있으니, 많이 고민하고 작성해야 한다.

권리 범위는 특허에서 매우 중요하다. 단어 자체만 봐도 '내 권리가 영향을 미치는 범위 또는 크기'라고 해석할 수 있다. 권리 범위가 크면 특허권을 받는 사람에게는 좋은 일이다. 참고로, 권리 범위가 '크다'는 것과 '넓다'는 것은 같은 의미다. 이후부터는 '넓다'로 통일하여 이야기하겠다. 반대의 의미는 '좁다'라고 표현하겠다.

이해를 돕기 위해 땅에 관해 이야기해보자. A라는 사람은 땅을 조금 가졌고, B라는 사람은 땅을 많이 가졌다고 가정해보자. 두 사람

모두 자기 땅을 임대해주었을 때 누가 더 많은 수익을 가질 수 있을까? 땅의 위치 등의 조건이 같다면 당연히 B가 더 많은 임대료를 받을 수 있다. 이와 비슷하게 정부에서 큰 도로를 건설하기 위해 땅을 고가에 매입할 때도 당연히 넓은 땅을 가진 사람에게 더 많은 돈을 지불할 것이다.

특허권도 마찬가지다. 더 넓은 권리 범위를 가진 사람이 더 많은 자산을 가진 것이고, 그에 따라 더 많은 돈을 받을 확률이 높아진다.

물론 땅의 위치, 모양, 조건 등에 따라 가치가 달라지듯이 특허도 다양한 조건에 따라 가치가 다르지만, 조건이 동일하다고 가정하면 권리 범위가 넓은 것이 더 가치 있는 특허권이다. 그러니 권리 범위를 정해주는 청구 범위를 잘 작성하는 것이 특허권 획득에서 가장 중요하다고 해도 과언이 아니다.

내가 어렸을 때 친구들과 같이 즐긴 놀이 중 하나는 '땅따먹기'다. 작은 동그라미 모양의 공간에서 시작해 조약돌을 세 번 튕겨서 다시 작은 동그라미 안으로 들어오면 성공하는 게임으로, 성공하면 조약돌이 움직인 곳이 모두 자기 땅이 되었다. 이 놀이를 할 때 어떤 친구는 위험하지만 조약돌을 최대한 멀리 튕겨서 한 번에 많은 땅을 차지하려고 하고, 어떤 친구는 안전하게 조금만 튕겨서 작은 땅부터 차지하려고 했다.

청구 범위 작성도 이와 비슷하다. 특허를 출원하려면 청구 범위를 심사숙고하여 작성해야 한다. 약간의 위험이 있지만 권리 범위를 넓혀서 특허출원서를 제출할 수도 있고, 안전하게 좁혀서 작성할 수도 있다.

QUIZ

아래와 같은 두 가지 청구 범위 중 어느 것이 권리 범위를 더 넓게 표현했을까?

A 청구 범위

청구항 1: '펜슬촉'

펜슬촉과 연결된 잉크를 담은 '잉크 저장부'

잉크 저장부를 감싼 '손잡이'로 구성된 '필기도구'

B 청구 범위

청구항 1: '뾰족한' 삼각형 '펜슬촉'

펜슬촉과 연결된 '유성잉크'를 담은 '잉크 저장부'

잉크 저장부 외관을 감싼 '오목한 곡선 손잡이'로 구성된 '볼펜'

* 위의 내용은 이해를 돕기 위한 예로, 실제로는 특허의 요건인 새로운 것(신규성)을 만족하지 못해서 거절당할 것이다.

ANSWER

발명 기술을 자세히 적은 것은 'B 청구 범위'니 권리 범위가 더 넓다고 생각할 수도 있을 것이다. 그러나 권리 범위가 넓은 것은 'A 청구 범위'다.

권리 범위가 넓은지 좁은지를 판단할 때는 청구 범위를 통해 만들 수 있는 제품이 얼마나 많은지 생각해보면 된다. 만약 앞 사례의 A 청구 범위로 제품을 만든다면 무엇을 만들 수 있을까? 단색 볼펜, 삼색 볼펜, 사인펜, 유성펜 등의 다양한 상품에 적용할 수 있을 것이다. 다양한 제품에 적용하는 만큼 많은 기업에 특허 권리를 빌려주고 많은 사용료를 받을 수 있다. 땅이 큰 사람이 임대료를 많이 받는 개념과 같다.

반면 B 청구 범위로 제품을 만든다면, 펜슬촉이 삼각형이어야 하고 유성잉크를 사용해야 하며 손잡이가 안쪽으로 오목하게 들어간 볼펜에만 해당된다. 따라서 이런 제품을 만드는 기업만 사용하는 특허가 된다. 당연히 권리를 활용할 수 있는 기업이 적고, 받을 수 있는 사용료도 적을 수밖에 없다.

권리 범위의 개념을 이해하면 청구 범위를 되도록 넓게 작성하려고 할 것이다. 그러나 땅따먹기 게임에서 돌을 멀리 튕기면 다시 원점으로 돌아오기 힘들어지듯, 권리 범위가 넓어지면 그만큼 심사에서 거절당할 위험성이 커진다. 특허등록 요건인 '새로운 것(신규성), 보다 좋아진 것(진보성)'을 만족하지 못할 가능성이 커지기 때문이다.

A 청구 범위를 적은 특허출원서를 심사관이 심사한다면, 책상에 놓여 있는 볼펜과 비교하며 '이 특허 청구 범위는 새로운 것이 아니네!'라고 판단하고 거절하기로 결정할 것이다. 반면 B 청구 범위를 적은 특허출원서를 심사한다면, 삼각형 펜슬촉과 유성잉크, 그리고 오목한 곡선이 있는 손잡이를 찾기 위해 여러 문서와 제품을 조사해야

하니 아무래도 쉽게 거절할 수 없다.

청구 범위는 무조건 넓게 작성하는 것이 능사가 아니고, '내 발명에 맞는 권리 범위'를 찾는 것이 중요하다. 다양한 자료를 조사하여 얻을 수 있는 권리 범위를 가늠하고, 등록 가능성이 있는 선에서 최대한 넓게 작성하는 것이 가장 합리적이다.

기술을 구체적으로 설명해주는 발명의 설명

'발명의 설명'은 말 그대로 발명한 것들을 상세하게 적는 부분이다. 이 부분은 심사관이 발명의 특징, 구성, 효과 등에 관한 내용을 상세히 파악할 수 있도록 도와주는 역할을 한다.

또한 발명의 설명은 심사관이 거절 의견을 전해 왔을 때, 기존에 작성한 '특허 청구 범위에 포함되지 않은 구성 요소'를 '발명의 설명 부분에서 가져와 청구항을 변경하거나 추가'하는 청구항 보완에도 사용된다. 즉, 청구항을 보완하기 위해 미리 준비한 후보 기술(히든카드) 같은 역할을 할 수 있다.

그럼 발명의 설명에는 어떤 내용을 적어야 할까? 바로 '특허가 어떤 문제를 해결할 수 있는가?', '문제를 해결하기 위해 어떤 방법을 사용했는가?', '해당 방법을 사용하면 어떤 효과가 있는가?', '자세한 발명의 설명은 어떠한가?', '특허 기술이 우리 실생활의 어느 분야에서 어떻게 쓰일 수 있는가?'에 관한 내용을 순서에 맞추어 자유롭게 작성하면 된다.

즉, 특별한 형식이 없기 때문에 출원서 양식에 따라 자유롭게 설명하면 된다. 때로는 발명 내용을 자랑해가며 작성할 수도 있는 부분이다. 아이디어를 떠올렸을 때부터 발명품을 완성할 때까지 고민한 내용을 되새기며 쓰면 충분히 내실 있게 마무리할 수 있을 것이다.

전체와 세부 구성을 보여주는 도면

특허를 출원할 때는 물건을 직접 제출하지 않기 때문에 '도면'으로 그려서 제출한다. 심사관은 해당 도면을 보며 발명품의 형태와 구성을 직관적으로 이해한다. 글로 읽으면 이해하기 어려운 부분을 직관적으로 파악하게 해주는 도면은 발명을 잘 드러내는데 중요한 수단이다.

물건 특허 유형의 도면은 정면도, 측면도, 기능 구성도, 부품 구성도 등 그림만으로 발명품을 가늠할 수 있도록 자세하게 표현한다.

제조 방법 특허 유형이라면 제조 공정 순서도, 제조 시설 구성도, 공정별 상세 절차도 등을 첨부하면 된다.

① 청구 범위, ② 발명의 설명, ③ 도면이 모두 준비되었다면 이제 특허출원서 작성이 끝난 것이다. 작성한 청구서를 특허청 온라인 특허출원 홈페이지에 제출하면 특허출원이 완료된다.

05

심사관에게 전하는 협상 카드, 청구 범위

생활 속 사례

요즘 회사에서는 주요 업무 보고 내용을 한 페이지에 담는 경우가 많다. 이는 보고받는 사람이 신속하게 요점을 파악하도록 배려하는 방법이다. 그러나 꼭 필요한 내용만 추리고 형식에 맞춰 한 페이지에 구성하려면 생각보다 많은 고민이 필요하다.

특허의 청구 범위 작성도 비슷하다. 주장하는 내용을 심사관이 잘 파악할 수 있도록 핵심만 뽑아 형식에 맞추어 작성해야 한다. 다행히 청구 범위를 작성하는 방법은 어느 정도 규칙이 있어서 익혀두면 유용하다.

특허출원서 청구 범위를 작성하는 방법은 특허 권리를 받는 데 무척 중요하다. 도대체 청구 범위가 뭔데 이렇게 호들갑이냐는 독자도 있을 것 같다. 그래서 여기서는 청구 범위를 어떻게 구성하는지를 설명하겠다.

일상생활을 하다 보면 무언가를 주장해야 하는 경우가 꽤 흔하다. 게다가 특별히 중요한 협상을 할 때는 요구 사항(협상 카드)을 잘 정리하는 것이 매우 중요하다. 어떤 협상 카드를 제시하느냐에 따라 협상 결과가 달라질 수 있기 때문이다. 만약 협상 카드가 구구절절 장황하고 요점이 명료하게 정리되지 않았다면 협상은 성사되기 어려울 것이다.

청구 범위는 영어로 Claims(주장들)라고 표현한다. 즉, 청구항(주장, Claim)이 모여 청구 범위가 된다. 햄버거 가게에서 버거 세트를 주문한다고 하자. '① 버거 세트 주세요. ② 음료는 제로콜라 주세요. ③ 베이컨 추가해주세요'라고 할 때 세 가지 주장이 모이면 청구 범위가 되며, ①은 독립 주장이고 ②와 ③은 독립 주장을 구체화하는 종속 주장인 것과 의미가 유사하다.

특허 청구 범위는 심사를 통과하기 위해 '내 주장을 정리해서 글로 표현한 일종의 협상 카드'다. 처음에는 자신에게 유리한 주장을 최대한 논리적으로 작성하고, 이후에는 협상 상대(특허 심사관)의 반응(의견 제출 통지서)을 보고 조정하는 과정을 거친다. 이제 특허 청구 범위를 작성하는 방법을 알아보자.

나무의 몸통인 독립항과 나뭇가지인 종속항

나무는 몸통과 나뭇가지로 구성되어 있다. 나뭇가지들은 몸통에 붙어서 살아간다. 특허 청구 범위의 구조도 나무와 비슷하다. 청구 범위에서 나무의 몸통 역할을 하는 것은 '독립항'이다. 모든 나무는 몸통이 있어야 독립적으로 존재할 수 있는 것처럼, 독립항은 발명이 완성되는 데 꼭 필요한 구성 요소들을 포함한다.

'종속항'은 독립항이나 다른 종속항의 일부 구성 요소를 더하거나 세부적으로 구체화해주는 역할을 한다. 나무에 비유하면 몸통에 붙어 있는 가지가 종속항에 해당한다. 나뭇가지는 몸통이 없으면 살아가지 못하듯이, 종속항도 독립항 없이는 존재할 수 없다. 또한 하나의 몸통에 여러 나뭇가지가 붙어 살아가듯, 특허 청구항도 하나의 독립항에 여러 개의 종속항이 연결되어 구성된다.

물론 가지 없이 몸통만 있는 나무가 존재하듯이, 특허 청구 범위에 종속항 없이 독립항만 있는 경우도 존재한다. 또한 나뭇가지에 다른 나뭇가지가 붙어 있을 수 있듯이 종속항이 다른 '종속항'에 붙을 수도 있다. 다음 사례를 보면 쉽게 이해할 수 있을 것이다.

독립항 1항: 구성 요소 1 – 엉덩이를 지탱하는 나무 재질의 '엉덩이 받침판'
구성 요소 2 – 엉덩이 받침판에 부착되어 '바닥과 연결된 다리'
구성 요소 3 – 엉덩이 '받침판과 다리를 연결하는 경첩'
구성 요소 4 – 엉덩이 받침판에 부착되어 등을 지지하는 '등받이'를 포함하는 것이 특징인 '**의자**'

종속항 2항: 1항과 관련하여 '엉덩이 받침판은 엉덩이 굴곡에 맞춰 휘어진 것'을 특징으로 하는 '**의자**'

종속항 3항: 2항과 관련하여 '굴곡은 체형 데이터베이스에서 추출'한 것을 특징으로 하는 '**의자**'

종속항 4항: 1항과 관련하여 '다리는 세 개 이상의 지지대로 구성'되는 것을 특징으로 하는 '**의자**'

몸통에 해당하는 독립항 1항은 모든 종속항에 공통으로 적용되는 내용을 담은 청구항이다. 종속항 2항과 종속항 4항은 독립항 1항의 특정 구성 요소(엉덩이 받침판, 다리)를 더욱 세부적으로 구체화하고 있다. 나무에 비유하면 가지에 해당한다. 종속항 3항은 나뭇가지에 다른 나뭇가지가 붙어 있을 수 있듯이 종속항 2항의 구성 요소(굴곡)를 구체화한 것이라 할 수 있다.

특허 심사에서는 각 청구항마다 심사하는데, 심사관이 독립항 등록을 거절하면 자연스럽게 종속항 등록도 거절된다. 나무 몸통이 잘려 나가면 나뭇가지가 죽는 것과 비슷하다.

한편 특허 심사를 통과하여 등록된 특허는 독립항과 종속항이 개별적 권리를 가진다고 볼 수 있다. 앞의 청구항은 4항까지 있으니 네 가지 권리가 개별적 권리를 형성한다. 이때 독립항에 문제가 생겨도 종속항들은 개별적으로 존재할 수 있다. 즉, 특허 심사를 받을 때는 종속항이 독립항의 영향을 받지만, 특허가 등록된 후에는 독립항의 영향을 받지 않고 개별적으로 권리를 갖는다. 나무가 성체가 되면 나뭇가지만 잘라 땅에 심어도 살아 있는 것과 비슷하다.

특허를 출원하고자 하는 발명 기술이 있으면 앞의 의자 사례처럼 독점권을 가지고자 하는 내용을 청구 범위로 작성해야 한다. 발명 중 필수적으로 포함되는 요소를 모아 독립항을 구성하고, 필수적이진 않지만 독립항이나 다른 종속항에 요소를 더하거나 구체화해주는 내용은 종속항으로 구성하여 완성한다.

TIP 청구 범위를 작성할 때 주의할 사항

① 상위 개념 용어 사용하기

특허 청구 범위를 작성할 때는 의미가 전달되는 선에서 되도록 상위 개념 단어를 쓰는 것을 권장한다. 앞의 의자 사례에서는 연결 도구로 '경첩'이라는 특정 부품의 명칭을 사용했다. 만약 경첩이라는 단어를 상위 개념 단어인 '연결장치'로 변경하면 어떤 일이 일어날까? 주장하는 권리 범위가 경첩이 아니라 연결 장치가 되면, 연결해주는 다른 장치, 즉 '나사로 연결하는 장치, 접착제로 붙이는 장치 등'도 포함된다. 그러니 경첩을 사용하여 연결하는 의자뿐 아니라 다른 연결 장치를 사용하는 의자도 자신의 특허 권리를 사용하는 경우가 된다.

② 부연 문구 줄이기

예컨대 의자 사례의 '나무 재질의 엉덩이 받침판'이라는 구성 요소에서 굳이 '나무 재질'이라고 재료를 한정하는 부연 문구를 넣을 필요는 없다. 받침판은 금속이나 플라스틱 등을 다양하게 적용할 수 있으므로 그 가능성을 열어놓고 한정 문구 없이 '엉덩이 받침판'이라고만 표현하면 더 좋은 청구 범위가 된다.

그럼 왜 사람들은 빼도 되는 부연 문구를 붙이는 걸까? 부연 문구가 없으면 새로운 것(신규성)이어야 한다는 특허등록 요건을 만족하지 못할 수 있기 때문이다.

특허청 심사관은 '엉덩이 받침판'이 있는 의자 제품을 심사할 때 '플라스틱 재질의 엉덩이 받침판을 가진 의자' 제품을 지칭하면서 '이미 시중에 판매되는 제품이 있어서 신규성을 만족하지 못한다'라는 거절 의견을 낼 것이 분명하다. 그래서 어쩔 수 없이 부연 문구를 써야 할 때가 있다.

좋은 특허란 무엇일까

'좋은 특허'라는 말을 접해본 적 있을 것이다. 좋은 특허는 어떤 특허를 말하는 것일까? 단지 특허출원서의 페이지가 많거나 훌륭한 연구자가 출원한 특허일까?

좋은 특허라고 이야기할 때 자주 언급되는 기준은 여러 가지다. 여기서는 그중 핵심적인 기준을 설명하겠다.

좋은 특허는 구성 요소가 적고 청구항이 많은 특허다.

특허 청구항 구성 요소가 적으면 왜 좋은 특허일까? 구성 요소가 적다는 것은 발명품이 최소 부분으로 구성되었다는 의미다. 최소의 부분만으로 제품을 만들 수 있다면, 기능을 더해 만들 수 있는 파생 제품이 많을 것이다. 즉, 특허 권리가 적용되는 제품이 많아지므로 사용료를 받을 가능성이 커진다.

구성 요소가 적은 청구항은 권리 범위가 넓은 것이고, 이는 많은 제품에 특허 권리가 사용될 수 있다는 의미다. 역으로, 구성 요소가 많은 것은 권리 범위가 좁다는 뜻이고, 이는 일부 제품에만 특허 권리가 사용된다는 의미다.

가정에서 흔히 사용하는 정수기를 생각해보자. 정수기가 반드시 갖추어야 하는 구성 요소를 생각해보면 '물을 받아들여 필터로 보내주는 연결 호스, 정수 필터, 정수된 물을 밖으로 내보내는 장치' 정도일 것이다.

이 세 가지 구성 요소만으로 특허출원을 해서 등록되면 어떤 일이 일어날까? 세 가지 요소로 구성된 다른 회사의 정수기는 모두 내 특허권을 침해하게 된다. 결과적으로 얼음을 만드는 기능, 뜨거운 물을 내보내는 기능, 자동 청소 기능 등의 추가 기능과는 상관없이 모든 정수기는 위의 세 가지 구성 요소를 사용하는 것이다.

만약 위의 세 가지에 한 가지 구성 요소를 추가하여 특허를 등록받았는데, 그 요소가 '물을 밖으로 내보내는 장치와 연결된 이온 발생 장치'라고 해보자. 단지 구성 요소 하나를 추가한 것뿐인데, 시중에 판매되는 대부분의 정수기는 추가된 구성을 사용하지 않을 것이다. 이는 이온 발생 장치가 없는 제품은 여러분의 특허 권리를 사용했다고 볼 수 없으니 사용료도 받을 수 없다는 뜻이다.

그럼 특허 청구항이 많은 특허는 왜 좋은 특허일까? 청구항이 많다는 것은 몸통(독립항)에 나뭇가지(종속항)가 많이 달려 있어 풍성하다는 의미다. 우리는 보통 몸통이 굵고 가지가 많은 나무를 건강하다고 판단한다. 특허에서도 독립항(몸통)이 튼튼하고 종속항(나뭇가지)이 많으면 좋은 특허라고 할 수 있다. 종속항이 많다는 것은 하나의 특허에 다양한 기술이 구체화되어 있다는 의미고, 이는 다양한 제품에 적용되어 활용될 수 있다는 뜻이다.

한 기술 분야의 최초 특허는 청구항이 많은 경우가 흔하다. 예컨데 '햅틱 기술(휴대전화 등의 기기에서 화면을 터치하면 진동을 느끼게 해주는 기술)'에 대한 최초 출원 특허(일반적으로 '원천 특허'라고 한다)는 청구항이 30개 넘게 구성되었다. 또한 글로벌 기업의 중요 특허는 청구항이 1백 개가 넘는 경우도 많다.

청구항이 많은 특허가 좋은 특허인 이유는 또 있다. 특허가 심사를 통과해 등록되더라도 이후 특허권이 무효화될 때가 있다. 무효화된다는 것은 특허 권리가 없었던 일로 된다는 것이다. 당사자로서는 불행한 일이다. 이때 무효화가 적용되는 기준은 개별 청구항이다. 그러니 종속항이 많으면 일부 종속항이 무효화되더라도 남은 종속항들이 특허가 무효화되지 않게 잘 유지된다. 나뭇가지 여러 개 중 몇 개가 꺾여도 다른 나뭇가지는 살아남는 것과 비슷하다.

무효화로부터 안전한 특허를 흔히 '특허 권리의 안정성이 높다'라고 말한다. 이는 특허가 위험에 노출되었을 때 심각한 문제가 생길 가능성이 낮다는 말이다.

만약 기업이 특허권이 필요해서 구매하려고 할 때는 권리 범위가 넓고 활용성이 좋으며 안정성 높은 특허를 원할 것이다. 그래서 구성요소가 적고 청구항이 많은 좋은 특허를 확보하면 특허권으로 돈을 벌기에도 유리하다.

06

특허 심사는 협상 과정이다

생활 속 사례

친구들과의 기차여행을 위한 예약에서 좌석 네 개가 필요하여 역무원에게 서로 마주보는 자리로 배정해달라고 요청했는데, 역무원이 그 좌석들은 이미 예약되었다고 답변하면 여러분은 어떻게 대응하겠는가? 예약 화면을 보며 역무원이 요청 내용을 착각했는지 확인하고, 만약 착각했다면 원래의 자리를 요구하고, 착각하지 않았다면 대안 좌석을 배정해달라고 요구할 것이다.

특허 심사 과정도 비슷하다. 청구 범위를 담은 특허출원서를 제출했는데 심사관부터 거절 의견을 받으면, 심사관이 잘못 판단했다고 주장하거나, 청구 범위를 조금 수정하여 다시 심사해줄 것을 요구할 수 있다. 이 과정에서 일부 청구항에 대한 권리는 포기해야 할 수도 있으니 유의하자.

고민 끝에 특허출원서를 작성하여 특허출원을 완료했다고 해보자. 특허를 출원한 지 1년~1년 6개월이 지나서 심사가 시작되었고, 심사관이 결과를 정리하여 '의견 제출 통지서'를 보내 왔다고 하자.

대부분의 의견 제출 통지서에는 '귀하가 제출한 ① 청구 범위는 '새로운 것(신규성)' 또는 '더 좋아진 것(진보성)'을 만족하지 못해서 특

QUIZ

특허출원서 제출 후 시간이 흘러 심사 결과가 도착하여 열어보니 특허등록을 해줄 수 없다는 거절 의견이 표시되어 있다고 가정해보자. 이때 처음 제출한 특허출원서의 청구 범위를 일부 수정하여 제출하는 대응 방식은 다음 두 가지 중 무엇일까?

① 처음 제출한 청구 범위를 고수하고 심사관을 설득하는 '의견서' 제출

② 심사 결과 내용을 반영하여 청구 범위를 수정한 '보정서' 제출

ANSWER

특허등록을 거절당했을 때, 처음 제출한 특허출원서의 청구 범위를 일부 수정하여 제출하는 방식은 ② 심사 결과 내용을 반영하여 청구 범위를 수정한 '보정서' 제출이다.

* 실제로는 심사 과정에서 한 번에 등록되는 특허는 드물다.

허등록을 받을 수 없습니다'라고 쓰여 있을 것이다. 만약 이런 결과를 받으면 어떤 생각이 들까? 그리고 어떻게 대응하겠는가?

첫 번째로 선택할 수 있는 방법은 심사 결과에 대한 '의견서'를 제

출하여 심사관을 설득하는 방법이다. 이는 자신의 특허 기술에 확신이 있어야 가능한 선택이다.

따라서 대부분은 의견 제출 통지서에서 부분적으로 인정한 '특허 등록을 받을 수 있는 기술'을 확인하고, 심사관이 인정한 부분을 반영하여 청구 범위를 수정하고 보정서를 제출한다. 이때 보정서에 담는 청구 범위는 권리 범위를 좁히는 경우가 대부분이다.

이해를 돕기 위해 예를 들어보자. 여러분이 특허출원서에 아래와 같은 청구 범위를 적었다고 생각해보자.

> 독립항 1항: '자동 색상 선택 기능'과 '위치 보정 기능'을 포함한 '자동 채색 모바일 기기용 연필'
>
> 종속항 2항: 1항에서 '자동 색상 선택 기능'은 선택한 위치 주변 색상값의 평균을 계산하여 적용하는 '자동 채색 모바일 기기용 연필'
>
> 종속항 3항: 1항에서 '위치 보정 기능'은 선택한 지점이 유효한 지점이 아닌 경우 가장 가까이 있는 유효한 지점을 선택해주는 '자동 채색 모바일 기기용 연필'

출원서를 제출한 후 다음과 같은 의견 제출 통지서가 도착하면 어떻게 대응할 수 있을까? '공개되어 있는 여러 기술 자료를 조사해보니 해당 특허 청구 범위는 진보성을 만족하지 못해 특허를 등록받을 수 없다'라고 쓰여 있었다고 하자. 또한 '청구항 1·3항에 해당하는 기술은 출원일 이전에 발행된 논문에서 유사 기술을 공개하고 있어 진보성이 없으나, 청구항 2항에 기재된 '주변 색상을 계산하여 평균값을 선택하는 기능'은 등록 가능성이 있다'라는 내용도 있었다.

의견서 제출

첫 번째 대응 방법은 청구 범위를 수정하지 않고 거절 이유에 대해 반박하는 의견서를 제출하는 것이다. 이 방법은 다른 기술과 차별화된다는 확신이 있을 때 사용할 수 있다. 의견서로 제출한 주장이 인정되지 않으면 특허가 최종 거절되니 신중하게 검토해야 한다.

보정서 제출

의견 제출 통지서에 대응하는 또 하나의 방법은 청구 범위를 수정하는 보정 신청서를 제출하는 것이다. 대부분은 이 방법을 사용하여 특허 거절 의견에 대응한다. 일반적으로 다음과 같이 심사관이 거절 의견에서 힌트로 제시한 '특허 요건을 만족하는 청구항'만 남기는 방식으로 청구 범위를 수정한다.

독립항 1항: '주변 색상값에서 평균값을 자동 선택'하는 기능과 위치 보정 기능이 결합하여 자동 채색을 지원하는 '자동 채색 모바일 기기용 연필'

종속항 2항: 삭제

종속항 3항: 삭제

* 위 청구 범위는 기존 청구항에서 1·3항이 삭제된 경우다. 독립항이 있어야 하기 때문에 기존 종속항 2항이 독립항 1항으로 변경되었다고 볼 수 있다.

이 사례는 독립항의 기능을 제한하는 부연 문구가 추가되고 종속항이 없어져서 특허 권리를 풍성하게 구성할 수는 없지만, 줄어든 권리에 대해서라도 특허권을 받을 수 있다는 점에서 어느 정도 의미 있는 대응이다. 수정된 독립항은 여러 부연 문구가 들어가므로 결국 특허 권리가 적용되는 제품이 적어져서 권리 범위가 좁아진다.

나무에 비유하면 독립항에 부연 문구가 추가되어 몸통이 가늘어지고 종속항이 삭제되어 가지 없는 나무가 되겠지만, 그래도 나무는 살렸으니 소정의 성과는 있다고 볼 수 있다.

대부분의 특허는 심사 과정에서 권리가 좁아진다. 따라서 이런 과정이 일반적이라고 생각하면 마음이 약간 편해질 것이다.

이처럼 특허등록을 위해서는 심사관과의 줄다리기 협상이 반드시 필요하다. 사람이 살아가는 일상의 많은 부분이 의사 결정이나 협상의 과정이듯 특허를 받는 과정도 협상이 필요하고, 어떤 경우에는 자신의 이익을 줄이는 의사 결정을 해야 할 수도 있다. 아무리 좋은 아이디어로 나온 발명도 산업이 발전한 현대사회에서는 완전히 새로운 기술이 아니라는 사실을 알려주는 사례이기도 하다. 그만큼 우리가

치열한 기술 경쟁 시대에 살고 있음을 방증하는 것이기도 하다.

유용한 심사 대응 정보 알아보기

특허 심사에서 어떤 결과가 통보될지 예측하기는 상당히 어렵다. 이런 불확실성을 해소하기 위해 활용할 수 있는 정보가 하나 있다. 특허에서는 다른 기업의 특허 내용을 볼 수 있을 뿐 아니라 심사관이 심사하며 조사한 내용까지 살펴볼 수 있다.

심사관은 몇 단계를 거치며 심사하는데, 각 단계의 진행 정보가 상세한 설명과 함께 모든 사람에게 제공된다. 특허 검색 홈페이지(www.kipris.or.kr)에서 특허 한 건을 검색하고 '통합행정정보' 탭을 클릭해보자. 심사가 어떻게 진행되었는지에 대한 정보가 순서대로 출력될 것이다. 이후 해당 출력 정보 중 심사관의 의견 제출 통지서를 열어보자. 의견 제출 통지서에는 내가 출원한 특허가 등록될 수 없는 이유에 대한 설명과 해당 사유의 근거가 된 참고문헌(인용 문헌이라고 함)이 기재되어 있다. 이 정보는 심사관이 여러 날을 투자하여 조사한 결과인 만큼, 잘 이용하면 좋은 정보로 활용할 수 있다. 이처럼 자신이 출원한 특허뿐 아니라 공개된 모든 특허의 의견 제출 통지서를 살펴볼 수 있다.

상세정보 | 공개전문 | 공고전문 | 등록사항 | 통합행정정보

번호	서류명	접수/발송일자	처리상태
1	[특허출원]특허출원서 원본보기 ([Patent Application] Patent Application)	2021.11.25	수리 (Accepted)
2	[우선심사신청]우선심사신청서 ([Accelerated Examination] Request for Accelerated Examination)	2021.11.25	수리 (Accepted)
3	우선심사신청관련 서류제출서 (Submission of Document Related to Request for Accelerated Examination)	2021.12.20	수리 (Accepted)
4	의견제출통지서 원본보기 (Notification of reason for refusal)	2022.02.21	발송처리완료 (Completion of Transmission)
5	[명세서등 보정]보정서 원본보기 ([Amendment to Description, etc.] Amendment)	2022.04.13	보정승인간주 (Regarded as an acceptance of amendment)
6	[거절이유 등 통지에 따른 의견]의견서·답변서·소명서 원본보기	2022.04.13	수리 (Accepted)
7	의견제출통지서 원본보기 (Notification of reason for refusal)	2022.06.08	발송처리완료 (Completion of Transmission)

특허출원서를 제출하기 전에 내 특허 기술과 비슷한 특허를 검색하여 심사 의견서를 확인하면, 내가 출원할 특허의 심사 결과를 가늠해볼 수도 있고, 미처 찾지 못한 참고문헌을 확인할 수도 있다. 이미 공개된 유사한 특허의 의견 제출 통지서를 확인하여 선행 문헌 검색을 일부라도 대신 할 수 있다. 아울러 유사한 특허를 보유한 기업이 심사관의 거절 의견이 담긴 의견 제출 통지서에 어떻게 대응했는지도 알 수 있다. 따라서 내 특허가 거절 의견을 받았을 때 어떤 논리로 대응해야 할지도 알 수 있을 것이다. 이처럼 심사 경과 정보를 미리 확인하면 특허등록의 불확실성을 조금이라도 줄일 수 있다.

07

청구 범위 내용은 모두 내 권리일까

생활 속 사례

내가 사는 아파트의 주소는 '삼삼동 래미안아파트 101동 101호(가정)'이다. 주소를 쓸 때 '삼삼동 래미안아파트'라고 표시하지만 이 아파트는 내 소유가 아니다. 삼삼동에, 그리고 래미안아파트에 살고 있기 때문에 적는 것이다. 내 소유는 단지 101동 101호에 해당할 것이다.

특허도 이와 유사하다. 특허 청구 범위에 적힌 내용이어도 이미 공개되어 사람들이 사용하는 범위는 특허권을 가진 사람의 권리가 아니다. 내 특허의 청구 범위에 쓰여 있어도 모두가 사용할 수 있는 기술이다. 여기서 내 권리는 청구 범위의 내용 중 공개되지 않고 사용되지 않는 부분에 한정된다고 볼 수 있다. 청구 범위 중 공개되지 않은 나만의 특별한 기술 내용만이 내 권리가 되는 것이다.

위의 사례에서 내가 가진 101호는 삼삼동에 비해 미미해서 특허 권리도 미미할 것이라 생각할 수 있겠지만 그렇지는 않다. 맛집을 생각해보자. 맛집은 어느 동에 있어서 영향력 있는 것이 아니라 음식점

QUIZ

대부분의 특허가 기존 기술을 개량하여 만들어지기 때문에, 특허 청구 범위에 기존 기술의 구성 요소(권리 범위)가 포함될 수 있다. 이렇게 작성된 특허가 등록되면 기존 기술의 구성 요소도 내가 가질 수 있는 권리가 될까?

① 기존 기술의 구성 요소를 포함한 모든 청구 범위가 내 권리다.

② 기존 기술은 내 권리가 아니고, 새롭게 추가된 부분만 가질 수 있다.

ANSWER

기존 기술을 개량하여 특허등록을 받은 경우, 청구 범위의 구성 요소(권리 범위) 중 ② 기존 기술은 내 권리가 아니고, 새롭게 추가된 부분만 가질 수 있다.

자체가 사람들을 끌어모으는 영향력이 있는 것이다. 특허도 영향력이 크면 사람들이 몰리고 엄청난 파급력을 갖게 된다.

특허등록을 받아 독점권을 가진 특허권에 대해 흔히 하는 오해가 있다. '특허등록을 받았으니 청구 범위의 내용은 모두 자신이 가질 수 있는 특허 권리다'라고 생각하는 것이다.

이는 특허를 어렴풋이 이해할 때 할 수 있는 잘못된 생각이다. 설명하기 전에 이해를 돕기 위해 예를 들어보겠다. 여러분이 특허를 등록받았는데, 해당 청구 범위에 '지지대 없이 바닥 위에 떠 있는 '자성을 지닌 엉덩이 받침'과 허리 곡선을 고려한 커브를 형성하는 '등받이'를 지닌 의자'라고 기재되어 있다고 생각해보자. 물론 자성을 이용한 공중 부양 의자는 현재 기술로 만들어지지 않았을 법한 제품이다. 단지 이해를 돕기 위해 가상으로 구성한 것이다.

위의 특허 청구항에는 크게 두 가지 특징이 있다. '지지대 없이 바닥 위에 떠 있는 자성 엉덩이 받침'과 '허리 곡선을 고려한 커브를 형성하는 등받이'다. 두 가지 특징 모두 청구항에 있으니, 모든 내용이 여러분의 특허 권리처럼 보일 것이다. 그러나 그렇지 않다.

눈치 빠른 독자는 '허리 곡선을 고려한 커브를 형성하는 의자는 이미 나와 있는 물건 아닌가?' 하고 생각할 것이다. 맞다. 이 부분은 자신의 권리가 아니다. 왜냐하면 이미 알려져 있고 제품에 적용되어 판매되고 있는 기술이기 때문이다.

여기서 내 권리는 알려지지 않은 새로운 기술인 '지지대 없이 바닥 위에 떠 있는 자성 엉덩이 받침' 부분과 이미 알려진 '허리 곡선을 고려한 커브를 형성하는 등받이' 부분이 결합된 기술에 한정된다.

위 사례를 보면 혼란을 느낄 수도 있다. 그럼 "허리 곡선을 고려한 커브를 형성하는 것'을 빼고 특허등록되어야 하는 것 아닌가?'라는 생각에서일 것이다.

그러나 특허 심사에서는 출원인이 제출한 청구 범위를 임의로 수정하거나 삭제하지 않는다. 발명품을 만들 때 발명자가 '등받이' 있는 의자를 완성품으로 생각했다면 특허 청구항에도 완성된 물건을 표현해야 하기 때문에 등받이 부분이 포함되었다고 볼 수 있다.

특허 심사관은 제출된 발명 기술의 구성 부분 전체를 놓고 보았을 때 '새로운 것(신규성), 더 좋아진 것(진보성)'을 만족한다면 특허를 등록시킨다. 일부 구성 부분이 특허 요건을 만족하지 못한다고 해서 특허등록을 거절하진 않는다.

결국 앞의 예시에서는 '지지대 없이 바닥 위에 떠 있는 것'이 특허 등록 요건을 만족하기 때문에, '허리 곡선을 고려한 커브를 형성하는 등받이'가 특허등록 요건을 만족하지 못해도 등록이 된다.

그럼 '허리 곡선을 고려한 커브를 형성하는 것'의 권리는 누가 가지고 있을까? 아무도 권리를 가지지 않은 기술일 가능성이 높다. 이전에 누군가가 특허등록을 받아서 권리를 갖지 않았다면 누구나 사용할 수 있는 무료 기술이다. 권리의 주인이 없다는 이야기다.

내 아들이 일상에서 사용하는 물건들을 가리키며 심심치 않게 한 질문은 "침대는 누가 특허 권리를 가지고 있어?", "안경은 누가 특허 권리를 가지고 있어?" 등이었다. 아마 여러분도 한번쯤은 궁금해했을 것이다. 비슷하게, 옛날부터 내려오는 『동의보감』 같은 책에 효과와 제조 방법이 명시된 청심환 등의 전통 의료 약제에 관해서도 동일한 답을 제시할 수 있다. 그 답은 '옛날부터 내려와서 누가 만들었는지 모르게 사용된 물건이나 기술은 아무에게도 권리가 없다. 누군가 권리를 가졌더라도 20년이 지나서 모든 사람이 무료로 사용할 수 있는 물건이다'라고 할 수 있다.

그러니 이처럼 옛날부터 내려오는 물건이나 기술을 활용하여 특허 출원을 하고 싶다면, 나만의 특별한 것을 더하여 기존 것보다 좋게 만들어서 특허권을 받으면 된다. 실제로 건강 기능 식품은 옛 의료 서적에서 아이디어를 얻고 자신만의 독창적 기술을 더하여 특허를 등록받는 경우가 많다.

이제 특허 청구 범위에서 자신이 가질 수 있는 권리가 어디까지인지 구분할 수 있을 것이다. 청구 범위에 적힌 내용일지라도 일반적으로 알려진 기술 내용까지는 자신의 권리가 아니라는 것 정도는 알아두자.

다음 PART 3에서는 잘 만든 특허권을 활용하여 창업하고 사장이 되어 회사를 경영할 때 접할 수 있는 특허 경영 사례에 관해 이야기하겠다.

PART

3

특허 경영 체험

-융합형 인재 되기

• • •

여기서는 특허등록을 받아 특허권을 가졌다고 가정하고, 이를 이용하여 창업하고 경영하며 겪는 다양한 상황을 살펴보겠다. 이때 특허권을 활용하여 올바르게 의사 결정을 하고 문제 상황에 대응하는 방법을 이야기하겠다. 이를 통해 기술과 법이 결합된 특허와 경제, 회사 경영이 어떻게 상호작용하는지 확인하고자 한다. 현재 대학이나 사회가 요구하는 인재는 문과적 소양과 이과적 지식을 함께 가진 인재다. 특허경영 시나리오를 체험하며 융합형 인재의 자질을 키워보자.

01

창업 전 점검 -특허로 돈을 벌 수 있을까

가상 시나리오

A 씨는 연구 개발한 기술로 특허를 출원하여, 제품 판매의 독점권을 부여하는 특허권을 획득했다. 해당 특허권을 기반으로 창업하려고 하는 그는 가치 평가사를 통해 특허권의 가치를 측정했다. 평가 결과 A 씨의 특허 기술은 상당히 혁신적이면서 수요자가 많고 제품에 적용하기 수월했기 때문에 가치가 컸다. 그러나 우리나라 특허권 한 개만 보유해서 창업의 관문을 통과하기에는 다소 부족한 수준이었다. A 씨는 본격적으로 특허권의 힘을 키워 창업을 위한 경쟁력을 높이기로 마음먹었다.

만약 자신이 특허등록을 받아 특허권을 확보했다면, 복권에 당첨된 것처럼 많은 돈을 벌겠다고 생각하는 경우가 많을 것이다. 실제로 많은 사람이 특허권을 돈 버는 보증 수표처럼 여긴다.

특허 관련 업무를 직업으로 하고 있는 나는 특허권 보유자를 많이 접했다. 이들 모두가 많은 돈을 벌었을까? 그렇지 않다.

많은 특허권이 사용되지 않는 상태로 20년이란 권리 유효기간을 흘려 보낸다. 또한 특허권을 보유하기 위해 내야 하는 '연차 등록료'가 부담되어 20년이 경과하기 전에 자진해서 특허권을 포기하는 경우도 심심치 않다.

그럼 왜 많은 사람이 특허권은 돈이 된다고 생각할까? 특허권을 활용하여 큰돈을 번 사람이나 기업의 사례가 뉴스를 통해 알려져, '특허권을 획득하면 큰돈을 버는구나!'라는 생각이 각인되었기 때문일 것이다.

특허권으로 큰돈을 벌기도 하고, 반대로 돈이 많이 들어 자진해서 포기하기도 하는 상반된 현상은 왜 일어날까? 바로 '특허권을 탐내는 사람이 있는가?'에 관한 문제 때문이다. 특허권을 탐낸다는 것은 특허에 포함된 기술을 사용하여 제품을 만들어 팔고자 한다는 의미다. 결국 누군가가 특허권을 구매하여 제품을 만들고 팔아서, 특허권 구매액보다 많은 돈을 벌 수 있느냐의 문제다. 그리고 이때가 비로소 특허권이 돈으로 바뀌어 가치를 창출하는 시점이 된다. 당연히 특허권을 탐내는 기업이 많으면 특허권 가격이 높아질 것이고 그만큼 가치가 올라간다.

그럼 특허권에 욕심을 내는 주체는 누구일까? 바로 기업이다. 기업은 수익을 내는 것을 목적으로 운영되기에, 수익이 나는 방법을 최대한 동원하여 제품을 기획하고 생산, 판매한다. 기업은 항상 변화하는 시장 트렌드와 소비자의 요구에 맞춰 다양한 후보 제품을 검증(시장, 기술, 수익성에 대한 타당성 분석)한다. 이렇게 신규 제품을 기획하는 과정에서 외부 기술을 도입할 때가 있다. 만약 해당 신규 제품을 만드는데 사용해야 하는 특허권이 있다면 많은 돈을 내고 사들일 것이다.

그럼 반대로 어떤 기업도 사려 하지 않는 특허권은 과연 돈이 될 수 있을까? 그럴 가능성은 희박하다. 제품을 만드는 기업이 탐내지 않는 특허는 돈 버는 특허가 아니라 돈 드는 특허가 된다. '돈 드는 특허'는 특허출원서를 작성할 때 변리사를 쓰는 비용, 특허청에 내는 특허출원 수수료, 심사받기 위해 내는 수수료, 20년 동안 특허를 유지하기 위해 내야 하는 특허 유지 등록료 등을 말한다. 이렇게 '돈 드는 특허'가 되면 20년간의 유효기간이 끝나기 전에 지출을 줄이기 위해 권리를 포기하는 경우가 많다. 실제로 대학, 연구소, 기업들은 아무도 탐내지 않는 특허권을 자진 포기하여 특허 비용을 줄이고 있다.

특허권을 기업에 팔아서 돈을 버는 방법 외에 직접 제품을 만들어 파는 방법도 있다. 요즘은 '기술 창업', '스타트업' 등의 이름으로 회사를 차리고 자신이 보유한 기술로 제품을 만들어 판매하는 경우가 많다.

이렇게 자신의 특허권으로 제품을 만들어 판매하면 다른 회사가 기능이 같은 제품을 팔지 못하게 되니, 자연스럽게 경쟁 기업이 등장하지 못하게 막는 '진입 장벽'이 만들어진다.

물론 기술 창업도 '소비자가 제품을 살 것인가? 제품 판매로 수익을 낼 수 있을 것인가?'에 대한 사전 검증을 거친 후 사업화 성공에 대한 확신이 들 때 추진해야 한다.

얼마 전 TV에서 '겨울철 많은 사람이 착용하는 동물 모양의 귀마개'를 발명하여 제품으로 만들어 판매한 기업 대표의 인터뷰를 봤다. 제품 출시 초기에는 많이 팔았는데, 금세 고민에 빠졌다고 한다. 바로 여러 기업이 똑같은 제품을 만들어 판매하는데 막을 방법이 없다는 하소연 섞인 고민이었다. 결국 대표는 제품에 적용되는 특허권이나 디자인권 등 지식재산권을 미리 확보하지 않아서 후회한다는 말로 인터뷰를 마무리했다.

특허권은 기업이 시장에서 독점권을 확보할 수 있게 해주는 중요한 무기다. 이 무기가 없으면 기업은 치열하게 판매 경쟁을 해야 하는 상황에 놓인다. 이를 극복하기 위해 특허권이 필요한 기업은 특허권을 만들거나 다른 사람의 특허권을 구매한다.

그러므로 특허를 출원할 때 단순히 기술적으로 훌륭한지만 살펴보기보다는 '특허 기술로 어떤 제품을 만들 수 있는가? 특허권을 제품에 사용하면 어떤 장점을 발휘할 수 있는가? 얼마나 수월하게 제품 생산에 적용할 수 있는가? 어떤 기업이 탐내는가?'를 미리 고민할 필요가 있다. 이런 고민이 결국 기업이 탐내는 가치 있는 특허권을 만드는 중요한 해법이다.

특허의 가치, 어떻게 결정될까?

'가치'란 무엇일까? 우리는 금이나 다이아몬드 등 귀중한 물건을 보면 '이거 가치 있는 물건이네'라고 생각한다. 그럼 가치라는 것이 꼭 귀중한 물건에만 있을까? 그렇지 않다.

세상의 모든 물건은 크기는 다르지만 나름대로 가치를 가지고 있다. 가치의 사전적 의미는 '재화와 용역의 교환 과정에서 지불되는 가격의 추정치'다. 즉, 경제생활에서 사용되는 가치는 해당 물건이 교환될 때를 가정하고 계산하여 가늠한다.

이 책에서 이야기하는 특허권의 가치에도 같은 논리를 적용할 수 있다. '특허 기술을 상품화했을 때 얼마의 가격으로 얼마만큼 팔 수 있는가?'에 따라 가치가 결정된다.

기술은 그 자체만으로는 돈을 얼마나 벌 수 있을지 가늠하기 어렵다. 물론 기술을 사고파는 거래를 기초로 가치를 알 수 있는 경우도 있지만, 대부분은 사업화 능력을 가진 누군가가 제품으로 만들고 시장에서 팔 때 비로소 돈이라는 가치로 바뀐다.

이런 이유로 기술에 해당하는 특허권의 가치를 이야기할 때 '어떤 기업이 상품화하는가? 어떤 제품으로 만들어지는가? 제품을 사줄 소비자가 얼마나 많은가? 기업이 얼마나 많은 수익을 가질 수 있는가?'가 가치를 판단하는 요소가 된다. 특허권의 가치 금액을 산정하는 데는 크게 두 가지 방법이 있다.

① 방법 1: 특허가 적용된 제품을 판매한 액수를 합하여 가치 금액 산정

특허권의 가치를 측정하는 첫 번째 방법은 '특허권을 적용한 제품이 해마다 얼마의 돈을 벌 수 있는가?'를 예측하고, 예측된 가치 금액을 합하여 총가치 금액을 산출하는 방법이다.

가치 산정 step 1: 제품이 팔릴 수 있는 기간(제품 수명) 계산하기

특허권을 사용하여 제품을 만들면 계속 판매할 수 있을까? 그렇지 않다. 일반적으로 시중에 판매되는 제품은 새로운 기능을 가진 다

른 제품이 출시되어 시장의 관심도가 떨어지거나 경기가 갑자기 침체하는 등의 이유로 더 이상 팔리지 않는 시점이 온다. 제품의 가치는 시간이 지남에 따라 감소하고, 어느 순간이 오면 없어진다.

이렇게 특허권이 적용된 제품의 판매가 시작되는 가치 창출 시점부터 제품이 팔리지 않아 가치가 없어지는 시점까지의 기간을 '기술 수명'이라고 한다.

특허권의 가치를 산정하기 위해서는 제품이 팔릴 수 있는 기술 수명 기간을 먼저 정한다. 이 기간은 전문가 의견을 수렴하여 정하거나 특허 데이터를 통해 계산한다.

가치 산정 step 2: 특허권이 제품화되어 매년 벌어들이는 이익 계산하기

다음으로는 특허권이 적용된 제품의 기술 수명 동안 해마다 얻을 수 있는 이익을 예측해야 한다. 그렇게 예측한 한 해 동안의 '제품 판매 이익'과 제품에서 특허권이 기여한 '기여율'을 곱해 특허권이 한 해 동안 기여한 이익, 즉 '당해 연도 특허권의 가치 금액'을 계산한다.

당해 연도 특허권의 가치 금액(A) =해당 연도 제품 판매로 벌어들일 수 있는 이익×제품에 적용된 특허권의 기여율

특허권의 기여율은 제품을 구성하는 주요 기능을 나열하고, 특허

권이 해당 주요 기능에 미치는 영향을 비율로 표시하여 산정할 수 있다. 예를 들어 휴대전화 카메라 관련 특허의 경우 카메라가 휴대전화에 기여하는 비중이 20%고 카메라 중 특허권이 기여하는 비중이 40%라면 제품(휴대전화)에 적용된 특허권(카메라 기술에 대한 특허권)의 기여율은 (휴대전화의 가치)×(20/100)×(40/100)=(휴대전화의 가치)의 8%라고 산정할 수 있다.

특허권의 기여율을 정하는 방법은 하나로 정해져 있지 않다. 소비자가 제품을 선택하는 주요 기능에 해당하거나 제품에서 빠질 수 없는 기능에 적용되는 특허권은 가중치를 더해주기도 하니 참고하자.

그렇지만 이렇게 정하는 방법에는 문제가 있다. 대부분의 특허 기술은 최신 기술이어서 아직 제품으로 만들어져 판매되고 있지 않기 때문에, 해당 기술이 제품으로 만들어졌을 때의 이익을 정확히 측정하기가 어렵다는 한계가 있다. 이때는 유사 제품 또는 비슷한 제품을 판매하는 기업이 얼마나 많은 돈을 벌었는지에 대한 정보를 대신 사용한다.

결국 특허권의 가치는 기술 수명 기간에 특허권이 적용된 제품이 판매되어 발생하는 특허권의 가치를 모두 더해서 산정한다고 할 수 있다. 이 값이 '특허권의 전체 가치'다.

Case 1: 특허권의 전체 가치= 기술 수명 기간 동안의 합(당해 연도 특허권의 가치 금액(A))

② 방법 2: 유사한 사례를 찾아서 해당 거래 금액 활용하기

'방법 1'의 경우 특허권의 가치를 계산하는 과정에서 상당히 복잡한 수식과 정확하지 않은 예측값을 사용한다. 그럼 특허권의 가치를 더 쉽게 판단하는 방법은 없을까? 물론 있다.

그 방법은 내 특허권을 어떤 회사에 맡겨서 매년 사용료를 받는다고 가정했을 때 '사용료로 받을 수 있는 금액'과 '사용료를 받을 수 있는 기간'을 곱한 금액을 특허권의 가치 금액으로 사용하는 것이다.

그렇지만 당장 내 특허권을 사용할 회사를 찾기 어렵기 때문에 받을 수 있는 사용료를 알 수는 없다. 그래서 유사한 특허권의 계약 사례에서 적용된 사용료를 참고할 수 있다. 이 방법은 유사한 계약 정보가 없으면 활용하기 어려워서 다소 제한적이다.

Case 2: 특허권의 전체 가치=

유사한 특허권 사용료×사용료를 받을 수 있는 기간

이와 비슷하게, 과거에 판매된 유사한 특허권의 금액을 해당 특허권의 가치 금액으로 사용할 수도 있다. 특허권 사용료를 받는 것이 아니라 특허권을 팔았을 때를 가정하고 산정하는 방법이다.

Case 3: 특허권의 전체 가치=과거에 유사한 특허권이 팔린 금액

'특허권 가치'를 정확히 산정하는 것은 매우 어려운 일이다. 그래

서 기술이나 기업 또는 특허의 가치를 공인된 방법론에 따라 산정하는 전문 직업인 '기술 가치 평가사'가 생겨났다. 회사 창업, 투자 유치 등이 필요한 경우는 반드시 공인 평가 기관을 통해 가치 평가를 받아야 한다.

02

특허권,
뭉치면 가치가 올라가요

가상 시나리오

특허권의 가치를 점검한 A 씨는 특허권 한 건으로는 창업을 위한 정부 지원 사업 수주나 투자 유치가 힘들다고 판단했다. 가치 평가사로부터 특허권을 여러 개 확보하여 포트폴리오(그룹화)로 구축하면 가치가 많이 올라간다는 이야기를 들은 A 씨는 핵심 기술에 대한 추가 특허권을 확보하는 동시에 미국, 유럽 등의 특허도 출원하기 시작했다.

이제 다수의 핵심 특허를 보유하여 기술 경쟁력을 갖추고, 독점권을 활용하여 다른 기업이 해당 제품을 따라 만들지 못하게 하여 사업성도 확보했다. 아울러 해외 특허출원을 완료하여 해외 시장에 제품을 판매할 기반을 마련하였다. 이렇게 A 씨는 창업을 위한 기술성, 사업성, 시장성 측면의 준비를 마쳤다.

어린 시절 교훈 삼아 들은 '나무젓가락 꺾기' 이야기를 기억할 것이다. 요지는 나무젓가락 한 개를 꺾어 부러뜨리기는 쉽지만 여러 개로 합쳐진 것은 부러뜨리기 힘들다는 교훈이다.

이 교훈은 특허에도 적용된다. 즉, 특허권도 개수가 많아지면 그 힘이 세진다. 왜 특허권이 여러 개 모이면 더 강해지는 걸까?

특허권을 활용한 방어와 공격에 유리하다

여러분이 휴대전화 회사의 경영자라고 생각해보자. 회사가 휴대전화의 주요 부품 중 안테나에 대한 국내 특허권 한 건만 가지고 있다면 회사에는 어떤 일이 벌어질까? 아마도 디스플레이(화면) 특허권이 있는 기업, 메모리 특허권이 있는 기업, 지문 센서 특허권이 있는 기업, 카메라 특허권이 있는 기업들이 '내 특허권을 사용했으니 사용료를 내놓으시오'라며 으름장을 놓는 일이 다반사일 것이다.

만약 이런 사례가 계속 발생하면 여러분 회사는 어떻게 될까? 특허권 사용료로 많은 돈을 지불해야 할뿐더러, 사용료를 요구한 기업과의 협상이 잘 이루어지지 않으면 '휴대전화 생산 금지'라는 법원의 명령을 받을 수도 있다. 이런 상황은 제품 판매와 기업의 성장에 심각한 위험 요소다.

반대로 여러분의 회사가 주요 부품별로 특허권을 확보하고 있다면 어떨까? 심지어 국내 특허권과 함께 해외 특허권도 다수 확보하고 있다면 어떨까? 특허권이라는 무기를 가진 여러분의 기업을 경쟁 기업이 쉽게 공격할 수 없을 것이다. 경쟁 기업이 특허권을 무기로 공격하면 오히려 여러분 기업이 보유한 특허권으로 맞공격할 수 있어, 경쟁 기업이 더 많은 피해를 입기 때문이다.

이처럼 생산 제품에 쓰인 주요 핵심 기술에 대해 다양한 특허권을 확보하면(흔히 '포트폴리오 전략'이라고 한다) 든든한 자산이자 방어망이 될 것이다.

묶음 특허는 판매에도 유리하다

만약 여러분이 기업을 운영하는 것이 아니라 판매할 목적으로 특허권을 획득했다고 생각해보자. 이때도 하나의 특허권을 파는 것보다 핵심 기술을 중심으로 관련성 있는 여러 건의 특허권을 모아 판매하는 것이 훨씬 유리하다.

무선 충전에 관한 핵심 기술을 보유한 회사가 해당 특허 한 건이 아니라 자동차에 적용되는 무선 충전 특허, 가전제품에 적용되는 무선 충전 특허, 휴대전화에 적용되는 무선 충전 특허 등 응용 분야별 특허 등을 포함시켜 막대한 금액을 벌어들인 사례도 있다.

특허권의 가치를 가늠하는 예로 자주 언급되는 핀란드 회사 '노키아'를 살펴보자. 휴대전화 제조사 노키아는 한때 유럽에서 휴대전화를 제일 많이 판매하는 기업이었다. 그러나 피처폰에서 스마트폰으로 변화하는 기술 트렌드에 발 빠르게 대응하지 못해 휴대전화 생산 및 판매 시장에서 철수했다.

노키아는 휴대전화 제조 사업에서 철수했지만, 회사가 남긴 주요 핵심 기술에 대한 3만여 건의 특허권은 2015년 기준으로 약 62조 원의 가치가 있다고 추정되었다. 해당 특허권은 현재까지도 여러 기업으로부터 많은 사용료를 거두어들이며 좋은 수입원이 되고 있다.

노키아의 사례처럼 기업이나 특정 사업은 망해도 다수의 특허권으로 만들어진 특허 포트폴리오는 살아남아 특허 권리 유효기간까지 경제적 이익을 낸다.

특허권이 무효화되는 경우에 대비할 수 있다

여러분 회사와 치열하게 경쟁하는 기업이 있다고 생각해보자. 경쟁 기업은 제품을 따라 만들기 위해 악의적으로 여러분 회사의 특허권을 무효화시킬 기회를 호시탐탐 노리고 있다. 여러분 기업의 특허권이 무효화된다면 공격과 방어에 활용하는 무기가 없어지므로 경쟁 기업이 마음 놓고 동일 기능의 제품을 만들어 팔 수 있다.

만약 여러분 회사가 제품에 사용된 특허권을 한두 개만 가졌다면 어떤 일이 벌어질까? 아쉽게도 특허권은 '무효화'가 가능한 권리다. 심사관이 심도 있게 조사한 후 특허권을 부여했지만, 특허등록 이후에라도 누군가가 '해당 특허권은 특허등록 요건을 만족하지 못한다'라고 이의를 제기하면 무효화될 수 있다.

여러분이 보유한 특허권이 적다면 상대 기업이 무효화하려고 쉽게 시도할 수 있을 것이다. 그러나 특허권이 수십 개가 넘는다면 경쟁 회사가 무효화를 시도하기 어려울 것이다. 왜냐하면 특허권 무효 절차는 법원에 소송을 제기해서 진행해야 하는데, 대상이 많으면 많은 비용과 노력이 들기 때문이다.

03

드디어 사장이 되다

가상 시나리오

특허 포트폴리오(그룹화)를 통해 특허권의 가치를 높이고 기술성, 사업성, 시장성을 확보한 A 씨는 정부에서 추진하는 최초 창업 지원 사업에 지원하여 창업에 도전했다. 미래 성장 동력을 확보하고 일자리를 창출하기 위해 정부가 지원하는 사업에 선정되기 위해 특허권에 기반한 경쟁력을 강조한 A 씨는 기술성과 사업성 지표에서 높은 점수를 얻었다. A 씨는 창업 지원 사업의 컨설팅을 받으며 창업 절차를 완료하여 사장이 되었다.

창업이란 말을 들으면 어떤 기분이 드는가? 이전 세대는 창업을 기업가가 되고자 하는 강한 의지를 지닌 소수만 시도하는 특별한 일로 생각했다.

그렇지만 요즘은 국가적 이슈인 일자리 창출과 다양한 기업 생태계 확보를 위해 정부 차원에서 많은 예산을 투입하여 다양한 지원 사업을 진행하고 있다. 심지어 중·고등학생 청소년 대상의 비즈쿨(Business+school) 등을 시행하여 어린 나이부터 창업 마인드를 심어주고 있다.

대학들도 수많은 창업 지원 프로그램을 운영하고 있다. 정부에서 지원하는 '창업 중심 대학'뿐 아니라 대학 자체에서 운영하는 '학생 창업 프로그램'까지 마련되어 있어서, 좋은 기술이나 서비스에 대한 아이디어를 보유하고 의지만 있으면 큰돈 없이도 기업가 교육, 비즈니스 모델 설계, 시제품 제작, 특허권 확보, 사업화 전략 수립 등의 다양한 서비스를 받을 수 있다.

또한 창업 단계에 따라 예비 창업, 초기 창업(창업 후 3년 이내), 창업 중기(창업 후 3~7년)의 도약을 지원하고 있으며, 지방자치단체 소재, 여성·장애인 창업자 등의 특성화 대상을 지원하는 프로그램도 다양하게 운영하고 있다.

그러나 창업 지원 프로그램이 많다고 해도 정부 지원을 받아 창업하고자 하는 사람은 더 많기 때문에 항상 경쟁이 벌어진다. 그럼 지원 사업 대상은 어떤 기준으로 선정될까? 다음은 창업 지원 프로그램의 주요 평가 항목이다.

* 창업을 위해 준비한 아이디어가 어떤 문제를 어떻게 해결하고자 하는가?
* 창업 후 지속 경영하기 위해 어떻게 사업화할까? 또 기업은 어떻게 성장시킬까?
* 창업 팀 구성이 적절한가, 그리고 보유한 기술이 경쟁력 있는가?

이 항목과 관련하여 미리 확보한 특허권이 있다면 많은 도움이 될 것이다. 문제 인식과 해결은 특허의 기본 원리이고, 사업화는 제품의 독점권을 확보해주는 특허권에서 시작할뿐더러 기술 경쟁력은 특허권으로 증명될 것이다.

예비 창업자는 아직 내세울 수 있는 제품이나 판매 실적(매출), 협력 관계도 확보하기 어렵기 때문에 특허권이 강점을 피력하는 가장 중요한 수단일 수밖에 없다.

만약 여러분이 창업 기업을 선정해야 하는 평가 위원이라면 과연 누구에게 창업 기회를 부여할까? 말로만 자신이 훌륭하다고 주장하는 사람일까? 아니면 국가에서 인정하는 강력한 특허권을 가진 사람일까? 답은 당연히 후자일 것이다.

그러니 창업 전 특허권을 튼실하게 확보하는 것은 매우 중요한 일이다. 아울러 창업 전에 특허를 확보하면 창업 이후에도 유용할 수 있다. 특허권의 가치를 산정하여 현물을 출자할 수도 있고, 회사에서 처리하기 어려운 가지급금을 해결하는 데도 유리하다.

04

내 특허를 누군가 몰래 사용하고 있다

가상 시나리오

창업 전부터 연구 개발한 특허 기술을 적용한 Z 제품의 시제품을 완성한 A 씨, 어느 날 눈이 번쩍하는 일을 겪게 된다. A의 특허 기술과 똑같은 기술이 적용된 B 회사의 Z' 제품을 목격한 것이다. 심지어 Z' 제품은 이미 많이 팔린 상태였다.

A 씨가 Z' 제품을 구매하여 비교해보니 이 제품은 A 씨의 특허를 침해하고 있었다. B 회사는 어떠한 특허도 보유하지 않았고, Z' 제품은 A 씨가 특허를 출원한 시점 이후 생산 및 판매되었다. A 씨는 B 회사에 경고장을 보내 특허권에 대한 사용료를 요구했다. B 회사는 침해하지 않았다는 증거 자료를 몇 차례 보냈지만, A 씨가 탄탄한 청구 범위를 가진 특허를 만들어놓았기에 이내 대응을 포기했다. A 씨는 B 기업이 이미 판매한 제품에 대한 특허 사용료 3천만 원과 함께 Z' 제품 하나를 판매할 때마다 5백 원의 사용료를 받기로 하는 계약을 체결했다.

우연히 어떤 기업이 판매하는 제품에 자신의 특허권이 사용되는 것을 알게 되었다면 여러분은 어떻게 대응하겠는가? 당연히 그 기업에 사용료를 지불하라고 요구할 것이다. 그런데 이전에 확인해야 할 것이 있다.

일반적으로 상대 기업 제품을 깊이 검토하지 않고 눈으로만 보고 특허 기술을 침해했다고 단정하는 경우가 많다. 그러나 실제 판매되고 있는 제품과 여러분의 특허 기술을 상세하게 문구까지 비교해보지 않으면 특허 기술을 침해했는지를 정확히 알 수 없다.

여기서 특허 권리 범위를 침해했다는 말은 내 특허 기술이 제품을 만드는 데 전체적으로 사용되었다는 것을 의미한다. 이 말은 특허 기술 중 일부 구성 요소가 제품에 사용되지 않았다면 특허권 침해가 성립하지 않는다는 뜻이다. 이렇게 특허권 침해가 성립하지 않으면 해당 기업에 사용료를 요구할 수 없다.

예를 들어보자. 여러분이 등록받은 특허의 청구 범위에 '‘소리에 따라’ 진동과 빛을 발산해주는 파티용 볼'이라는 권리 범위가 있다고 해보자. 이때 침해가 의심되는 상대 기업의 파티용 볼 제품을 살펴보았는데, '소리가 아닌 사람의 움직임에 따라' 진동과 빛을 발산해주는 제품이었다. 눈으로만 보고 제품을 판단했을 때는 '진동과 빛을 발산하는 파티용 볼'이니 당연히 특허권을 침해했다고 생각하겠지만, 판매 제품과 특허 청구항을 상세하게 비교하면 '소리에 따라'라는 요소가 사용되지 않아서 특허권 침해라고 보기 어렵다.

상대 기업 제품이 특허 기술의 모든 구성 요소를 사용해서 특허권 침해가 확인되었다면, 공식적으로 사용료를 내라는 통지를 전달하면 된다. 이때 상대 기업이 특허권 침해를 순순히 인정하고 협상에 응한다면 협상을 통해 사용료를 결정하면 된다. 이렇게 상대 기업과의 협상이 잘 이루어져서 계약이 체결되면 특허권으로 돈을 벌 수 있다.

사용료는 여러 방식으로 협상할 수 있다. 한 번에 큰돈을 받고 특허권을 팔거나 사용을 허락해주는 '정액 기술료' 방식이 있고, 제품을 하나 판매할 때마다 사용료를 받는 '경상 기술료' 방식이 있다.

그러나 상대 회사 제품이 특허권을 침해한 것이 확실하더라도 상대 회사는 협상 요구를 호락호락 받아들이지 않을 것이다. 만약 사용료 요구를 수락하면 제품 생산 원가가 올라가 수익이 감소할 것이 자명하기 때문이다.

상대 기업이 협상에 임하지 않으면 부담스럽긴 하지만 법원에 특허권 침해 소송을 제기하여 문제를 해결해야 한다. 소송은 시간과 비용이 많이 들지만, 승리한다면 향후 판매할 때 발생하는 사용료뿐만 아니라 이미 판매한 제품에 대한 손해배상도 같이 받을 수 있다.

여기서 한 가지 의문이 들 것이다. 만약 상대 기업이 여러분이 특허권을 가졌는지 모르고 사용했을 때도 돈을 지불해야 할까? 물론이다. 앞에서 특허제도의 취지를 살펴볼 때 특허 공개 제도에 대해 설명했다. 특허 공개란 특허청에 특허를 출원한 후 1년 6개월이 지나면 해당 특허출원서가 일반인에게 공개되는 제도다.

특허제도에 따르면 특허가 공개되는 순간 모든 사람이 해당 특허 기술을 알 기회가 제공된다. 그러니 상대 기업이 모르고 특허 기술을 사용했다고 주장해도 특허출원일 이후의 사용료를 받을 수 있다.

타사 제품의 특허 침해 입증

글로벌 기업 간의 치열한 경쟁을 다루는 뉴스에서 '특허권을 침해했다'라는 말이 등장하곤 한다. 특허권 침해는 기업 간 특허권 분쟁에

항상 등장하는 단어다.

침해는 '불법으로 남에게 해를 입힌다'라는 의미로, 누군가가 내 권리를 정당한 대가나 허락 없이 사용하는 상황을 이야기한다.

침해의 개념을 특허권에 적용해서 이야기하면, 등록된 특허출원서의 청구 범위에 기재된 모든 구성 요소가 판매 제품에 포함되어 있는 경우 '제품이 특허 권리 범위를 침해한다'라고 할 수 있다.

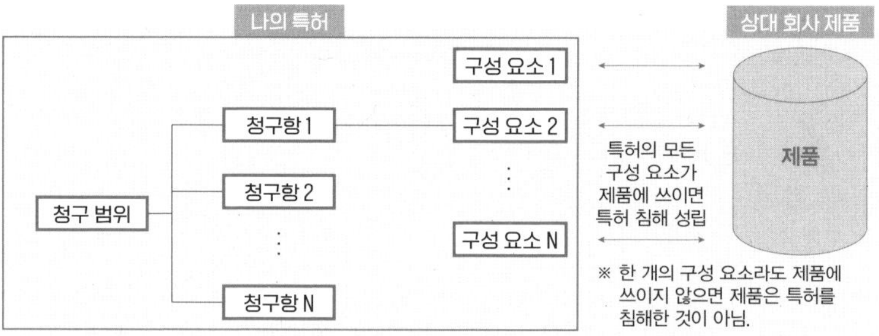

〈특허와 제품의 침해 성립 개념도〉

그럼 특허권 침해는 어떻게 입증할 수 있을까? 설명을 위해 특허 유형 세 가지를 다시 언급하겠다. ① 물건(물질) 특허, ② 제조 방법 특허, ③ 용도 특허다.

① 물건(물질) 특허에 대한 침해 입증

물건 특허는 상대적으로 침해 입증이 쉽다. 가장 원초적인 방법으로 제품을 구입해서 분해하고 특허 청구항의 구성 부분들이 모두 제품에 사용되었는지를 확인하면 된다. 물론 큰 물건은 분해가 쉽지 않겠지만 눈으로 살펴보는 것은 충분히 가능할 것이다.

그럼 화학제품이나 의약품 발명으로 많이 출원되는 물질 특허는 어떨까? 물건 특허보다는 입증이 쉽지 않다. 왜냐하면 물질은 눈으로 봤을 때 무엇으로 구성되어 있는지 알기 힘들기 때문이다. 예를 들어 샴푸, 손소독제, 방향제 등은 눈으로 보고 어떤 것들이 섞여서 구성되었는지 알기 힘들다.

그러나 요즘은 물질을 넣기만 하면 성분을 분석해주는 기기가 많이 출시되어 성분을 입증하기가 다소 수월해졌다. 결론적으로, 물질 특허의 침해 입증도 해당 물질을 입수할 수 있다면 충분히 가능할 것이다.

② 물건(물질)을 제조하는 방법 특허에 대한 침해 입증

제조 방법 특허는 침해 입증이 다소 어려운 면이 있다. 물건을 만드는 제조 방법은 외부에 공개되는 것이 아니니 직접 생산 시설을 방문하여 확인해야 하는데, 해당 기업이 조사하도록 출입을 허락하지는 않을 것이기 때문이다. 실제 제품이 만들어지는 시설을 보고 확인하지 않으면 특허권 침해를 입증하기 힘든 것이 현실이기에 제조 방법 특허는 입증이 쉽지 않다는 것이 일반적인 견해다.

③ 용도 특허에 대한 침해 입증

용도 특허는 기본적으로 물건이나 물질에 대한 특허를 기반으로 다른 효과를 내는 것이기 때문에 물건(물질) 특허의 입증 과정과 비슷하다. 물건(물질)의 성분이 일치하는지를 확인한 후 해당 특허에서 명시한 용도로 제품을 생산하여 판매하고 있는지 확인하면 입증할 수 있다.

이처럼 특허 유형별로 침해 입증 방법이 다르기 때문에, 여러분이 특허권을 확보하려고 한다면 먼저 물건(물질) 특허를 확보하기를 추천한다. 다른 회사 제품을 대상으로 침해를 입증하기가 상대적으로 수월하여 권리를 행사하는 데 유리하기 때문이다.

05

특허권 사용료를 내놓으라고?

가상 시나리오

B 기업으로부터 특허권에 대한 사용료를 받으면서 Z 제품을 완성하여 대량생산하게 된 A씨, 나날이 증가하는 판매량을 보며 뿌듯함을 느끼던 어느 날이었다. 그는 등기로 배달된 우편물을 열어보고 화들짝 놀랐다. 'Z 제품에 포함된 일부 기술이 C 회사의 특허권을 침해했으니 사용료 협상에 임하라'라는 경고장이 있었다. 자신의 특허권에는 C 회사의 기술에 대한 특허권이 없어 초조해하던 A 씨는 특허 분쟁 전문가를 찾아갔다. 전문가는 'C 회사 특허권의 내용을 토씨 하나까지 잘 분석해보라'라는 자문 의견을 냈다.

A 씨는 특허출원을 담당한 변리사와 면담하며 Z 제품과 C 회사의 특허 청구 범위에 적혀 있는 청구항의 구성 요소를 비교해보았다. 다행히 C 회사의 청구항 내용 중 한 가지 구성 요소를 Z 제품에서 사용하지 않아 특허권 침해가 성립하지 않는다는 결론에 이르렀다. A 씨가 '우리 회사의 Z 제품은 C 회사의 특허권을 침해하지 않았다'라는 내용과 분석 자료를 회신하여 사건이 일단락되었다.

앞에서는 자신이 특허권을 가진 경우의 상황을 이야기했다. 여기서는 반대의 경우를 생각해보자.

예전 학교에서는 2인용 책상을 사용했다. 이때 짝꿍과 흔히 일어나는 분쟁이, 책상의 반을 구분하는 중앙선을 넘어 구역을 침범했다는 것이었다. 물건이 넘어오면 그 대가로 압수하겠다고 주장하며 투닥거리기도 했다. 나는 ① 안 넘어갔다고 발뺌하거나, ② 경계를 가르는 중앙선이 잘못되어서 무효라고 주장하거나, ③ 넘어간 물건 대신 작은 물건을 주며 협상하는 방법을 활용했다. 특허권도 이와 비슷하다.

자신이 기업 대표라고 생각해보자. 최근 새롭게 출시한 제품이 크게 히트하는 상황이라면 상상만으로도 즐겁지 않은가? 그런데 특허권에 대한 사전 지식이 없어서, 신제품을 출시하기 전에 다른 사람이 관련 특허권을 가지고 있는지 조사하지 않았다고 하자. 불티나게 제품이 팔리는 어느 날 갑자기 누군가가 특허권을 침해했다는 경고장과 함께 사용료 협상을 요구하는 우편물을 보냈다면, 거기에 더해 법원에 제품 판매 금지 신청까지 해놓은 상태라면 얼마나 가슴이 철렁할까?

많은 제품이 판매되는 오늘날 비즈니스 환경에서는 비슷한 사건이 적지 않게 일어난다. 이때 회사 대표인 여러분은 어떻게 대응할까? 사용료를 줄 수 없다는 주장만 되풀이할 것인가? 마냥 겁먹고 초조해하고만 있을 것인가?

그럴 순 없다. 무엇이든 해결 방법을 찾아야 할 것이다. 이제부터 회사 대표로서 할 수 있는 방법을 설명하겠다.

비침해 주장

먼저 해야 할 일은 상대방의 특허권을 자세히 살펴보는 것이다. 상대 기업의 경고장을 받았을 때 가장 먼저 할 일은, 상대방 특허출원서의 청구 범위를 자세히 살펴보는 것이다. 구체적으로 특허 청구 범위의 청구항별로 모든 구성 요소를 구분하고, 내가 만드는 제품에 모두 사용되고 있는지를 확인해야 한다.

만약 특허 청구항 내용 중 일부 구성 요소라도 여러분 회사 제품에 사용하지 않았다면 특허 침해에서 벗어날 작은 돌파구를 찾은 것이다. 그럼 여러분 제품에서 사용하지 않는 구성 요소를 제시하며 '우리 제품은 당신의 특허권을 침해하지 않았다'라는 '비침해 주장'을 하면 된다.

무효 입증

그런데 불행하게도 여러분이 판매하는 제품이 상대방 특허 청구 범위의 모든 구성 요소를 사용하고 있다면 어떻게 해야 할까?

두 번째 방법을 사용해보자. 상대의 특허권이 무효가 될 수 있는지를 조사하는 것이다. 특허권을 무효화시킨다는 것은 특허등록 요건인 '새로운 것(신규성)'과 '더 좋아진 것(진보성)'을 만족하지 못하게 하는 자료를 찾아내는 것이다. 이 방법을 '무효 입증'이라고 한다.

물론 심사관이 심사 과정에서 많은 자료를 찾아보았기에 그에 반박하는 자료를 찾기는 쉽지 않겠지만, 심사관도 사람이기에 빠트린 자료가 있을 수 있다. 또 과거 자료지만 최근 온라인에 게재된 자료도 있을 것이다.

만약 상대 기업의 특허권을 무효화할 수 있는 자료를 찾았다면 특허청에 상대 기업의 특허권에 대한 무효 소송을 제기하면 된다. 소송 과정에 많은 노력이 들어갈 공산이 크지만, 사용료로 지불해야 하는 비용보다 소송 비용이 적다면 시도할 만하다.

실제로 특허 무효 소송에서 특허권이 무효화되는 확률은 40~50%나 되기 때문에 충분히 해볼 만한 시나리오 중 하나다.

회피 설계

여러분이 많은 노력을 했음에도 무효화 자료도 찾지 못했다면 다음으로 할 수 있는 방법은 '회피 설계'다. 이 방법은 단어 그대로 상대 특허권의 청구항 중 일부 구성 요소를 사용하지 않도록 제품 설계를 변경하여 생산하는 것이다.

그러나 이미 만들어 판매한 물건에 대한 사용료는 지불해야 하는 문제가 남는다. 과거 사용분에 대해 지불해야 하는 대가는 기업 간의 협의를 통해 해결하거나 법원의 판결을 구하는 방법으로 결정할 수 있을 것이다.

실제로 삼성전자와 애플의 스마트폰 소송에서 삼성전자가 애플의 특허권을 침해했을 가능성이 있다고 판단하고 재빨리 설계를 바꾸어 생산하여 애플의 특허권에 대한 침해를 피한 적이 있다.

06

경쟁사와 특허권을 공유하다

가상 시나리오

A 씨는 Z 제품 매출 성장으로 즐거운 나날을 보내고 있었는데, D 회사로부터 특허권을 침해했다는 경고장을 받았다. Z 제품과 D 회사 특허권을 비교해보자 Z 제품이 D 회사의 특허권을 침해했다는 분석 결과가 나왔다. 당황한 A 씨는 전문가에게 'D 회사에서 만드는 제품에 A 씨 회사가 보유한 특허권이 사용되는지 확인해보십시오'라는 조언을 들었다. 담당 변리사와 함께 D 회사의 유사 제품을 분석한 A 씨는 자신의 회사가 보유한 특허권이 사용된 사실을 알게 되었다. A 씨는 D 회사에 특허권을 상호 사용하고 있으니 특허권을 공유하자고 제안했다. 제안이 받아들여져서 D 회사와 5년간의 상호 특허 사용(크로스 라이선스) 계약을 체결한 A 씨는 특허권 사용료를 지불하지 않고 Z 제품을 계속 생산할 수 있었다.

만약 특허권으로 공격받을 때 '비침해 주장', '무효 입증', '회피 설계' 방법을 모두 사용할 수 없다면 어떤 선택을 할 수 있을까? 여러분 회사가 보유한 특허권을 상대방이 사용하고 있는지 살펴보는 것이다.

상대 기업이 여러분 회사 제품과 유사한 제품을 만들어 판매하고 있다면, 여러분의 특허권을 사용하고 있을 가능성이 충분히 있다. 만약 그 사실을 발견한다면 사용료 지불 없이 서로의 특허권을 일정 기간 동안 공유해서 사용하자고 상대 기업에 제안할 수 있다.

이처럼 기업이 서로의 특허권을 공유하여 사용하는 계약을 '크로스 라이선스(Cross License) 계약'이라고 한다. 같은 업종의 제조 기업에서 자주 쓰는 사용료 협상 방식이다.

두 기업이 서로의 특허권을 공유하는 '특허권 공유 계약'을 맺을 경우, 상대방의 특허권이 여러분 회사 특허권보다 훨씬 많거나 좋으면 최소한의 사용료를 지불하며 협상해야 할 때도 있다.

반대로 만약 여러분 회사의 특허권이 더 많거나 제품을 만드는 데 빠질 수 없는 핵심 기술에 해당한다면, 오히려 상대 기업으로부터 소액의 사용료를 받고 상호 특허권 공유 계약을 체결할 수도 있을 것이다.

만약 여러분이 보유한 특허권이 전혀 없어서 최종적으로 상대 기업에 사용료를 지급해야 하는 상황이 된다면, 현실을 받아들이고 최소한의 사용료를 지급하면서 차차 제품을 개선하여 상대방의 특허 권리 범위 밖으로 벗어나도록 노력하는 것이 최선일 것이다.

또 한편으로는 기술 개발을 통해 특허권을 추가 확보하거나 유사한 기술의 특허권을 합리적인 가격으로 매입하여 여러분 기업의 특허권의 힘을 키워나가야 할 것이다.

07

특허권을 홍보에 활용하자

가상 시나리오

여러 특허권 분쟁을 겪는 사이 Z 제품의 매출이 다소 떨어지는 것을 발견한 A씨, 매출을 끌어올릴 방법을 모색하다가 현재 크게 성공하고 있는 기업의 대표인 친구에게 비결을 물어보았다. 친구는 "특허권을 홍보에 사용해봐. 사용자들의 신뢰도가 높아지며 판매가 호전될 거야"라고 충고했다. A 씨는 마케팅 담당 직원과 함께 Z 제품의 홍보 브로슈어와 동영상 자료에 특허청 마크와 특허등록 번호를 기입하여 홍보에 사용하기 시작했다. 마케팅 자료를 수정하면서도 긴가민가했던 A 씨는 증가하는 매출 현황을 보고 미소를 지었다.

지금까지는 사용료를 받거나 특허권을 팔아서 돈을 버는 방법에 중점을 두고 이야기했다. 지금부터는 조금 다른 활용 방법을 설명하겠다.

첫 번째는 특허권을 홍보 목적으로 사용하는 것이다. 내 어머니에 관한 에피소드를 소개하겠다. 어머니가 어느 날 비염에 효과가 좋다는 아로니아즙을 들고 집에 오셨다. 어머니는 '유명 대학 교수님'이 만든 '특허받은 제품'을 지하철 매장에서 팔고 있어서 구경하다가 '특허를 받은 만큼 효과가 엄청나게 좋다'라는 홍보에 귀가 솔깃하여 구입했다고 하셨다.

나는 특허 이야기가 나오니 궁금하기도 해서 어떤 특허권이 사용되었는지 확인하기 위해 상자를 훑어보았다. 실제로 "특허받은 제품"이라는 문구와 함께 특허청 로고가 크게 표시되어 있고 아래에 조그맣게 특허등록 번호가 쓰여 있었다. 번호를 특허 검색 홈페이지(www.kipris.or.kr)에서 찾아보니, 해당 특허는 아로니아가 아니라 복분자와 관련된 특허가 아닌가! 제품 상자에 표시된 상품의 성분 구성을 보니 복분자 성분이 조금 포함된 것을 확인할 수 있었다. '이거, 완전히 사기네!'라는 생각이 드는 한편으로 '어머니는 속았지만, 판매자는 소정의 홍보 목적을 달성했구나!'라는 생각이 들었다.

이 사례에서 보듯 사람들은 특허에 굉장히 좋은 인상을 가지고 있다. 기업들은 이 점을 이용하여 제품이 훌륭하다고 홍보할 때 특허권을 자주 언급한다. 그래서 기업이 의도적으로 특허를 왜곡해서 홍보에 사용하면 나의 어머니 사례처럼 소비자들이 피해를 입을 수밖에 없다.

앞에서 언급한 사례는 다소 부정적이지만, 특허권을 정당하게 홍보에 사용하는 것은 자산을 잘 활용하는 전략이기도 하다. 특허권을 홍보에 가장 잘 이용하는 곳은 홈쇼핑 TV 방송일 것이다. 홈쇼핑에서 쇼 호스트가 상품의 우수성을 강조할 때 주로 쓰는 멘트가 '특허받은 기술'이다.

예를 들어보자. 며칠 전 홈쇼핑 방송에서 '다이아몬드 코팅이 된 프라이팬'을 판매하는 프로그램을 볼 때의 일이다. 쇼 호스트가 다이아몬드 코팅의 장점을 자랑스럽게 이야기하며 '특허받은 좋은 기술이다'라고 홍보하자 제품에 대한 신뢰도가 올라가면서 나도 주문할 뻔했었다.

또 다른 예를 들어보자. 유튜브에서 주식 종목을 추천하는 애널리스트의 영상을 본 적이 있다. 그가 한 기업을 소개하며 '해외 특허 수십 건을 확보하고 있는 튼실한 기업이다'라고 말했을 때 나도 귀가 쫑긋했다.

나를 포함한 일반 주식 투자자는 많은 특허권을 보유하고 있다는 것이 기업의 기술력과 상품이 우수하다는 사실을 대변해준다고 생각한다. 실제로 유망 주식 종목을 선정하여 투자하는 펀드 프로그램에도, 특허 개수와 좋은 특허 보유 여부를 기준으로 선별하고 투자하는 상품이 출시되어 있다.

이처럼 특허청 로고는 제품의 우수성을 알릴 수 있는 좋은 방법이다. 해당 로고는 지식재산권의 종류와 특허등록 번호와 같이 표기할 수 있다. 이를 잘 이용하면 소비자의 심리를 움직여 제품 판매에 도움이 되니 최대한 활용하자.

08

특허권으로 자금 확보하기

가상 시나리오

Z 제품이 많이 판매되고 있지만, 모든 제품은 수명이 있어 몇 년 지나면 더 이상 팔리지 않는다는 이야기를 들은 A 씨는 후속 제품 개발을 결심한다. 하지만 신제품 연구 개발 자금이 부족해서 투자 유치와 정부 기술 개발 사업 수주를 준비했다. 다행히 여러 번의 특허권 분쟁을 겪어 특허권의 중요성을 알게 된 A 씨는 틈틈이 특허출원을 진행하여 꽤 많은 특허권을 보유하고 있었다. 이를 기반으로 수월하게 정부 연구 개발 사업을 수주하여 자금을 확보했고, 시제품 생산과 생산 시설 확충을 위한 투자 유치에도 성공했다.

홍보와 함께 특허권을 유용하게 활용하는 또 다른 방법이 있다. 특히 중소기업이나 기술 창업을 통해 설립된 스타트업이 주로 활용할 수 있는 방법이다.

특허권을 담보로 돈을 빌리자

특허권은 형태가 없는 무형자산이지만, 부동산이나 자동차를 담보로 돈을 빌리듯 특허를 통해 돈을 빌릴 수 있다. 물론 해당 특허권의 가치 금액을 계산하여 그 결과로 산출된 금액만큼 은행에서 대출을 받을 수 있다. 당연히 높은 금액으로 평가받은 특허권을 담보로 제공할 때 더 많은 돈을 빌릴 수 있다.

특허권의 가치 평가는 특허청에서 지정하는 '발명의 평가 기관' 등에서 수행하니 참고로 알아두기 바란다. 가치를 높게 평가받는 특허권은 미국, 유럽 등 해외에 등록된 특허권, 표준 특허처럼 제품을 만드는 데 필수적인 특허권, 시장성이 유망한 기술에 대한 초기 핵심 기술 특허권(원천 특허) 등이다.

일반적으로 특허권의 가치는 특허권이 적용된 제품을 구입할 소비자의 수에 비례한다. 그래서 제품 판매 시장이 커서 소비자가 많은 미국, 유럽 등에 등록된 특허권이 높게 평가된다. 중국은 인구는 많으나 지식재산권 보호 정책이 상대적으로 미흡하고 기술 모방이 많이 일어나고 있어 미국, 유럽에 비해 낮은 금액으로 평가되는 것이 일반적이다.

이렇게 특허권을 담보로 대출받은 돈은 중소기업의 경우 운영비나 설비 구축 자금으로 유용하게 사용되고, 스타트업의 경우 성장에 중요한 활동 자금이 될 것이다.

투자 유치나 정부 R&D 과제 수주

한편 투자를 유치하거나 정부의 연구 개발 과제를 수주하는 데 특허권을 활용할 수도 있다.

특허권은 기업의 경쟁력을 판단하는 다양한 평가 지표 중 기술 수준을 나타낼 수 있는 주요 지표이다. 특히 '원천 특허'라고 하는 태동기 기술에 대한 특허권을 확보하면 기술성이 우수하다는 점과 사업성이 유망하다는 점을 동시에 인정받을 수 있다.

몇 년 전 언론이 '유전자 가위' 기술을 비중 있게 보도한 적이 있다. 이 기술은 사람 유전자의 일부를 가위처럼 잘라내어 교정한다. 이 기술의 최초 특허권을 국내 기업이 가졌다고 하여 해당 기업이 한동안 크게 부각되며 주가가 요동쳤다. 당시 그 기업은 제품을 만들어 판매하여 많은 수익을 내는 상황이 아니었다. 오로지 원천 특허를 보유하고 있다는 것만으로 엄청난 파급 효과를 낼 수 있는 잠재력을 가졌음을 인정받은 사례였다. 이렇듯 '기술이 사업화되는 과정'에서 좋은 특허권은 사업화 성공을 어느 정도 가늠해주는 주요 평가 지표다.

앞의 사례처럼 원천 특허를 확보하거나 핵심 기술에 대한 특허 포트폴리오 전략을 구사하여 기술력과 사업성을 동시에 인정받으면 투자를 유치하거나 정부의 연구 개발 과제를 수월하게 수주할 가능성이 높아진다.

09

경쟁사의 특허를 분석하여 신제품에 활용하기

가상 시나리오

순탄한 신제품 연구 개발이 생각지도 않았던 장애 요인 때문에 멈추고 말았다. A 씨 회사의 연구원들이 해결하지 못하는 기술적 문제가 생긴 것이었다. A 씨와 연구원들은 담당 변리사의 충고에 따라 해당 문제와 기술적으로 관련 있는 특허들을 조사하기 시작했다. 분석 결과 문제가 된 기술을 다른 방향으로 해결할 수 있는 방법을 다른 회사 특허에서 찾아냈다. 그리고 해당 기술을 이용하여 다른 회사의 특허권을 침해하지 않으면서 문제를 해결할 방법을 찾았다. 어려움을 극복한 A 씨와 연구원들은 드디어 Y 제품을 출시했다.

학창 시절 공부에 전념할 때 '공부 잘하는 아이들은 어떻게 공부할까?'라는 생각을 한번쯤 해본 적이 있을 것이다. 답을 찾아보려고 해보지만 친구의 '공부 잘하는 노하우'를 알아내기에는 한계가 있었던 것이 기억난다.

남의 노하우나 정보를 엿본다는 것은 참 어려운 일이다. 경쟁 기업에 대한 것이라면 더더욱 그럴 것이다. 그러나 특허와 관련해서는 예외적인 일이다. 경쟁 기업의 특허를 확인하고 싶을 때 특허 검색 홈페이지에서 기업 이름을 입력하고 검색하면 원하는 정보가 펼쳐진다. 물론 출원된 지 1년 6개월 이내의 특허는 미공개 대상이어서 제외되고, 그 외의 '모든 공개 특허와 등록 특허'가 검색된다.

이 얼마나 놀라운 일인가? 경쟁 기업의 기술 정보를 알기가 이렇게 쉬울 수 있을까? 특허제도의 취지가 특허 기술을 공개하여 더 나은 기술이 나올 수 있도록 장려하는 데 있기에 경쟁 기업의 특허도 예외없이 공개된 것이다.

일반적으로 첨단 기술을 다루는 기업은 연구 개발을 통해 완성된 기술을 대부분 특허로 출원한다. 이런 첨단 기술 특허를 모두 볼 수 있다니 엄청난 정보를 제공받는 느낌이 들 것이다.

이 정보로 경쟁 기업이 집중적으로 특허출원하는 분야를 분석하여 기술 개발 방향을 정하기도 하고, 경쟁 기업이 판매 중인 제품을 어떤 방향으로 개선하고 있으며 어떤 신제품을 출시할지 등을 예측하기도 한다. 한편 우리 회사가 내놓을 제품에 대해 특허 침해를 주장할 경쟁 기업의 특허가 있는지 검사하고, 만약 문제 특허를 발견하면 피할 길을 특허 정보에서 찾아내기도 한다.

이렇게 공개된 특허 정보를 활용하여 더 나은 기술을 발명하는 선순환 고리가 만들어지고 있다. 특허 공개 제도가 새로운 기술을 개발하는 데 윤활유 역할을 충분히 하고 있음을 알 수 있다.

특허 정보를 활용하는 방법

여기서는 특허 정보를 활용하는 방법을 알아보자. 만약 연구를 진행하거나 신규 제품을 기획하기 위해 새로운 정보가 필요하다면, 어떤 방법으로 정보를 얻을 수 있을까?

연구자들은 다른 연구자가 발표한 새로운 논문을 찾아봄으로써 최신 기술을 습득한다. 그러나 논문은 다분히 학문적인 특징이 있기 때문에 제품을 생산, 판매하는 기업에서는 크게 독려하지 않는 경향이 있다. 이런 이유로 학문적인 기초 지식이 아닌 상품이나 서비스로 이어지는 상업적 기술에 대한 정보가 필요할 때는 논문 이외의 자료를 찾아볼 필요가 있다.

특허 정보는 궁극적으로 상업적 활용을 염두에 두고 작성되기 때문에 사업화나 제품화 관점에서 새로운 정보를 찾을 때 좋은 자료가 된다. 물론 특허는 출원한 지 1년 6개월이 지나야 공개되기 때문에 최근 자료가 공개되지 않는다는 단점이 있다.

하지만 새로운 기술은 기존 기술을 기반으로 진화를 거듭하기 때문에, 1년 6개월 동안의 자료가 없다고 해도 기술 트렌드를 확인하는 데는 무리가 없다. 특허 정보는 엄청나게 방대하고 새롭게 공개되는 것도 많기 때문에 활용 측면에서 매우 좋은 자료다. 이런 이유로 대부분의 기술 분석 프로젝트에서는 특허 정보 분석을 기본적으로 수행한다.

특허 정보의 활용성이 좋은 또 다른 이유는 항목이 잘 나뉜 여러 정보를 담고 있기 때문이다. 특허는 발명자, 출원인, 권리자, 출원 일자, 기술 분류, 패밀리 정보(같은 특허 기술을 다른 국가에 출원한 경우 해당 특허들을 가족처럼 묶어서 관리하는 정보) 등 다양한 항목을 기준으로 검색할 수 있다. 또한 기존 기술의 문제점, 문제점 해결 방안, 기술이 적용된 제품 구현 방법 등 정보를 찾는 사람이 궁금해하는 정보들을 내실 있게 담고 있다.

그럼 이런 정보를 어떻게 활용할 수 있을까?

① 개수를 세서 분석하는 정량적 분석

첫 번째는 특허의 개수를 세어 트렌드를 알아보는 '정량적 분석' 방법이다. 예컨대 휴대전화 제조사의 특허를 출원인별, 출원 연도별, 세부 기술별로 세어 그래프를 그리면 우리 회사에 위협이 될 수 있는 암묵적 경쟁사를 알아낼 수 있고, 최근 어떤 세부 기술에 집중하고 있는지도 확인할 수 있다. 이렇게 기업별, 세부 기술별, 연도별로 특허의 개수를 세어 변화를 분석하는 것이 정량적 분석이다.

② 특허출원서 내용을 자세히 확인하는 정성적 분석

두 번째는 특허출원서의 주요 내용을 하나하나 뜯어보며 정리하여 기술을 개발할 때 도움을 받는 방법이다. 이를 '정성적 분석'이라고 부른다.

특허출원서에는 기존 기술의 문제점, 문제점 해결 방안, 기술이 적용된 제품 구현 방법 등이 포함되어 있다. 만약 내가 고민하는 문제점을 누군가가 먼저 고민해서 특허출원서에 해결법을 기재했다면 어떤 기분이 들까? 아마도 횡재한 기분일 것이다. 특허출원서에는 문제를 제시하는 데 그치지 않고 해결 방법까지 적는 것이 일반적이기 때문에 충분히 가능한 일이다.

비록 해결 방법이 특허출원서에 나와 있어 자신의 특허권으로 만들지는 못하지만, 제시되어 있는 방법을 활용하여 더 좋아진 발명을 추가한다면 여러분도 충분히 특허권을 획득할 수 있다.

또한 미처 몰랐던 문제점을 다른 사람의 특허에서 발견한다면 연구에 많은 도움이 될 것이다. 아울러 특허출원서에 기록된 다양한 제품 적용 사례를 통해 내 기술을 다른 분야로 확대하여 쓸 수 있는지도 알 수 있다.

예컨대 내 특허 기술이 야외에서 휴대전화를 이용해 방향을 찾아주도록 개발되었는데 다른 특허출원서의 비슷한 기술이 실내에서 화재대피용으로 사용될 수 있다고 기록되어 있다면, 해당 사례를 토대로 내 기술의 적용 분야를 안전 대피 분야로 확대할 수도 있을 것이다.

③ 공백 분야를 찾아 특허출원을 할 수 있다

세 번째는 정량적·정성적 분석 결과를 토대로 남들이 특허를 출원하지 않은 분야를 찾아 그 분야의 특허권을 만드는 데 활용하는 것이다. 이를 '공백 분야 특허 창출'이라고 한다.

공백 분야 도출은 분석 대상 기술에 관한 특허를 모두 검색하고 관련성 높은 특허를 선별하는 것으로부터 시작된다. 이렇게 선별한 특허와 관련하여 특허출원서에 기술되어 있는 '해결이 필요한 문제'와 '해결한 방법'을 각각 뽑아내고, 어느 특허출원서에서도 시도되지 않았던 '해결이 필요한 문제'과 '해결한 방법'의 매칭 쌍을 골라 신규 특허를 만들 수 있다.

그러나 공백 분야 특허출원은 한계가 있을 수 있다. 남들이 생각해내지 않은 특허는 기술 적용 가능성이 낮을 수 있기 때문이다. 따라서 반드시 기술적 검증을 거친 후 특허를 출원해야 한다.

④ 만료 특허권은 누구나 활용할 수 있다

네 번째는 특허 권리 기간이 만료된 특허 기술을 제품에 사용하는 방법이다. 이 방법은 의약품 분야에 많이 사용된다. 제약사의 특허 권리는 출원 시점에서 20년이 지나면 권리 기간이 만료된다. 이때 그 물질 구성을 특허에서 파악하여 복제 약을 만들어 판매하는 방법이다. 이렇게 복제 약을 만드는 사업화는 제약 분야에서 흔한 일이 되었다.

제약 분야 특허뿐 아니라 기술이 태동한 시점에 개발된 핵심 기술을 담은 원천 특허를 활용하는 경우도 있다. 예를 들어 3D 프린터에 사용되는 '재료를 녹여서 쌓는 적층 기술(FDM)'은 2009년에 원천 특허의 권리 유효기간이 만료되었다. 이후 여러 업체가 해당 특허 기술을 활용하여 다양한 제품을 생산하면서 3D 프린터 판매 붐이 일었다.

10

시장성 좋은 해외에서 특허출원하기

가상 시나리오

A 씨는 Y 제품을 출시하기 전에 변리사의 조언에 따라 주요 기술에 대해 우리나라 특허청에 특허출원을 했다. 어느 날 Y 제품이 일본에서 잘 팔릴 수 있다는 무역 지원 기관의 이야기를 들은 A 씨는 해당 특허를 일본에서 출원할 수 있는지 알아보았다. 다행히 우리나라에 특허를 출원한 지 1년이 되지 않아 PCT 국제 출원 제도를 통해 해외 출원을 진행할 수 있었다. 아울러 PCT 국제 출원 후 국제 조사(우리나라 출원 후 30개월) 기간 동안 일본뿐 아니라 인도와 인도네시아에서도 Y 제품과 유사한 제품군이 잘 팔린다는 시장 분석 결과를 얻었다. A 씨는 PCT 국제 출원 절차에 따라 일본, 인도 그리고 인도네시아에서 특허출원을 완료하고 판매를 시작했다. Y 제품은 해외에서도 많은 매출을 올렸다.

우리나라 특허청의 심사를 통과한 특허권은 해외에서도 유효할까? 특허법은 '속지주의'가 적용된다. 법의 효력이 해당 국가 안에서만 발생한다는 의미다. 그러니 우리나라 특허청에서 받은 특허권은 우리나라 안에서만 효력을 발휘한다. 즉, 우리나라에서 등록받은 특허권은 우리나라 안에서 특허 기술을 사용하여 독점적으로 물건을 만들어 판매할 수 있게 허락하는 권리다.

만약 어떤 기업이 해외에서 물건을 만들어 판매하고자 한다면 어떻게 해야 할까? 물건을 만들거나 판매하고자 하는 나라의 특허청에 특허출원을 추가로 해야 한다. 그런데 기업이 물건을 판매할 나라마다 특허출원을 별도로 해야 한다면 너무 까다롭고 수고스럽지 않을까? 그래서 많은 나라가 조약을 맺어 여러 국가에 특허출원할 때 활용할 수 있는 제도를 시행하고 있다. 이렇게 만든 두 가지 제도가 'PCT 국제 출원 제도'와 '조약 우선권 주장 제도'다.

두 제도 모두 우리나라 특허청에 제출한 특허출원서로 다른 나라에 특허를 출원할 수 있게 지원한다. 다만 우리나라 특허를 출원한 날로부터 1년 이내에만 활용할 수 있다.

PCT 국제 출원 제도

'PCT 국제 출원 제도'는 우리나라 특허출원 후 1년이 되는 날까지 신청할 수 있다. 이 제도는 조약에 동의한 여러 나라 중 원하는 나라를 선택하여 특허출원을 진행할 수 있도록 지원한다. 대부분의 나라가 조약에 가입되어 있으므로 실제로 거의 모든 나라에 특허출원을 할 수 있다. 다만 산업이 발전한 국가 중 대만은 조약에 가입하지 않았다.

PCT 국제 출원을 신청한 후 우리나라 특허를 출원한 날을 기준으로 30개월 내에 특허출원을 원하는 나라를 결정하면 된다. 이 기간 동안 국제기구에서 선행 특허 조사 보고서를 발행하고, 이 보고서는 해외에서 특허 심사를 진행할 때 참고 자료로 활용된다.

출원인 입장에서는 30개월을 기다리는 동안 우리나라에 출원한 특허가 등록되는지도 확인하고, 자신의 기술이 어느 나라에서 잘 팔릴 수 있을지에 대한 시장조사도 진행한 후 해외 특허를 출원할 나라를 결정할 수 있어 유용한 제도다.

조약 우선권 주장 제도

'(파리) 조약 우선권 주장 제도'도 우리나라에 특허출원을 한 후 1년이 되는 날까지 신청해야 한다는 점은 PCT 국제 출원과 동일하지만, 30개월 동안 기다릴 필요 없이 원하는 나라의 특허청에 특허출원이 바로 진행된다는 점이 다르다.

따라서 PCT 국제 출원 제도에 비해 특허 획득을 빠르게 할 수 있다는 장점이 있다. 그러나 해외 출원이 빠르게 진행됨에 따라 해외 국가 특허청에서 요구하는 번역문 등의 서류 준비가 다소 촉박하고, 우리나라 심사 결과를 확인하지 못하고 진행해야 하는 단점이 있다.

대학이나 공공 연구소 또는 중소기업에서 당장 해외 사업을 진행할 것이 아니라면 30개월 동안 준비할 수 있는 PCT 국제 출원 제도를 활용하는 것을 추천한다. 반면 빠르게 해외 시장을 개척해야 하거나 해외 특허를 등록받아 사업화하려는 경우, 해외 경쟁 기업의 시장 진출을 방어해야 하는 경우는 조약 우선권 주장 제도를 통해 빠르게 해외 특허를 확보하는 것이 바람직할 것이다.

두 가지 제도는 비용, 특허등록 가능 시기, 절차 등에 각각 장단점이 있다. 그래서 해외 출원 시에는 전문가 자문이나 인터넷 조사 등을 통해 유리한 제도를 선택하는 것이 바람직하다. 두 제도는 국내에서 출원한 특허를 해외 국가의 출원 단계까지 연계해주며, 등록 심사는 해외 각국에서 개별적으로 받아야 한다.

해외 특허청에 직접 출원하기

우리나라의 몇몇 대기업은 우리나라 특허청이 아니라 미국 특허청에 먼저 특허출원을 하는 경우도 많다. 이렇게 미국에 먼저 특허를 출원하는 것은 PCT 국제 출원과 조약 우선권 주장 제도와 상관없이 미국의 개인이나 기업이 미국 특허청에 특허출원서를 제출하는 것과 비슷하다.

한국 기업이 미국 특허청에 특허출원을 먼저 하는 이유는 무엇일까? 소비자가 많은 미국에서 빠르게 특허등록을 받아 미국 내 제품 생산의 안정성을 확보하고 판매에 도움을 받고자 하기 때문이다. 미국은 제품 판매 규모가 세계에서 가장 크기 때문에 더 많은 수익 확보를 위해 먼저 특허를 출원하는 것이다.

해외 특허출원은 국내 특허출원에 비해 많은 비용이 발생한다. 미국이나 유럽 등은 한 국가당 1천만 원에 가까운 비용이 든다. 이 점도 고려하여 그만큼의 수익을 창출할 수 있는지를 검토한 후 해외 출원을 결정하자.

PART

4

특허 궁금증 Q&A

• • •

여기까지 읽은 독자라면 이제 특허를 기업 경영에 어떻게 활용하는지를 알 수 있을 것이다. 많은 지식을 익혔기에 특허에 대한 자신감이 붙었겠지만, 여전히 판단이 잘 서지 않는 몇 가지 애매한 질문과 알아두면 좋은 유용한 정보가 남아 있다.

내가 특허를 배우며 궁금해했던 질문과, 특허 컨설팅을 하며 자주 듣고 혼동하기 쉬운 정보를 추려 소개하고자 한다. 확실히 이해하지 않으면 답하기 힘든 이 내용까지 마스터한다면 특허 전문가라 불려도 손색이 없을 것이다.

01

아이디어를 시제품으로 만들어야 특허출원이 가능한가?

특허출원을 할 때는 발명한 물건을 제출하는 것이 아니라 글로 써서 제출해야 한다. 그럼 아이디어를 글로 구체화하기만 하면 시제품을 만들지 않아도 특허출원을 할 수 있을까?

출원하기 전 시제품을 만들어야 하는 기술 분야가 있고, 그저 아이디어를 구체화하는 것으로 특허출원이 가능한 기술 분야가 있다. 심사 기준인 '해당 기술 분야의 보통(통상)의 기술자' 수준에서 글로 봐도 충분하면 굳이 시제품을 만들지 않아도 특허출원을 할 수 있다.

반면 보통의 기술자 수준에서 실제로 만들 수 있는지 확인하기 어려운 기술은 시제품을 만들어 '제품 또는 기술이 어떻게 만들어졌는지? 어떤 재료들을 사용하였는지? 제품의 효과가 어떤 것인지?'를 증명해야 한다. 즉, 실험 데이터, 동작 원리, 효과 검증 결과 등의 증명 내용을 특허출원서의 '발명의 설명'에 적어서 제출해야 한다.

일반적으로 기계·정보통신 분야는 아이디어를 구체화하여 내용을 상세히 설명하고 자세한 도면을 제시하면 시제품 없이도 특허출원을 할 수 있다. 이 기준은 모든 특허에 적용되는 것은 아니고 경우에 따라 달라질 수 있으니 참고하자.

예컨대 아이디어가 '카메라와 각종 측정 센서, 그리고 위성에서 측정한 데이터를 활용하여 드론의 무단 침입을 탐지하는 장치'라면 보통(통상)의 기술자는 시제품을 보지 않아도 '지금의 기술들을 활용하여 충분히 만들 수 있겠네!'라고 생각할 수 있을 것이다. 그러니 시제품 없이도 특허출원을 할 수 있다.

그러나 화학이나 바이오 분야의 경우 글만 보고서는 '실제로 발명품을 만드는 것이 가능한가? 어떤 효과를 내는가?' 등을 확인하기 어렵다. 예를 들어 '홍삼 추출물을 이용한 두통 개선 의약품'이라는 특허가 제출되었을 때 보통의 기술자가 '홍삼이 두통에 효과가 있다'는 것을 특허출원서 내용만으로 확신하기는 힘들 것이다. 또한 홍삼이 두통에 효과를 발휘할 때 '어떻게 홍삼을 가공해야 효과가 나타나는가? 다른 문제가 발생하지 않는가? 효과는 어느 정도인가?' 등도 확인하기 어려울 것이다.

즉, 해당 분야에서 일하는 보통의 기술자가 구현 가능성을 쉽게 가늠할 수 있는 아이디어가 있다면, 시제품을 만들지 않고 특허를 출원할 수 있는 기회가 주어진다는 점을 알아두기 바란다.

02

특허권을 어떻게 판매할 수 있을까?

여러분이 특허권을 어렵게 취득하여 보유하고 있다고 생각해보자. 이때 여러분은 꿈에 부풀어 누군가가 특허 기술을 사용하고 싶다고 이야기해주길 바랄 것이다.

그러나 현실적으로 그런 일이 일어나는 경우는 매우 드물다. 우리나라에서 한 해에 등록되는 특허는 12만여 건이 넘는다. 누군가가 이렇게 많은 등록 특허를 지켜보고 있다가 여러분의 특허권을 찾아내서 자발적으로 돈을 내겠다고 연락한다는 것은 참으로 찾기 힘든 사례다.

만약 특허권으로 돈을 벌고 싶다면 특허권을 팔기 위해 노력해야 한다. 혹자는 '내 기술이 대단해서 특허권까지 받았는데, 이제는 팔기 위해 영업까지 해야 해?'라고 생각할지 모르겠다. 하지만 이것은 다분히 현실적인 문제임을 빠르게 깨닫는 것이 특허권으로 돈을 벌 수 있는 가장 빠른 길이 될 수 있다.

특허권을 팔기 위해서는 어떤 노력을 해야 할까? 물건을 팔려고 할 때 제일 먼저 무슨 일을 하는지를 떠올려보면 어렵지 않다. 내가 어떤 물건을 팔려고 한다면 먼저 홍보물을 제작할 것이다. 특허권 판매도 마찬가지다. 특허는 일반 물건과는 다르게 만들어진 상품이 아니고 가격도 매겨져 있지 않기 때문에 더더욱 특허권을 설명하는 홍보 자료를 만드는 것이 중요하다.

'내 특허 기술이 얼마나 좋은가!'를 자랑하는 동시에 '이 기술을 적용하면 얼마나 좋은 제품이 될 수 있는가!'를 잘 설명하여 잠재 수요자의 마음을 끌어야 한다.

홍보 자료인 SMK 만들기

특허권을 홍보하는 자료를 SMK(sales material kit)라고 한다. SMK 제작은 '어떤 내용을 홍보 자료에 담아야 사려는 사람이 내 특허권에 욕심낼까?'라는 고민에서 시작된다. 통상적으로 SMK에는 간단한 특허 기술 소개, 기술을 적용하면 얻게 되는 효과, 제품에 적용했을 때의 예시, 조속한 제품 생산과 관련한 개발 완성도, 발명자의 프로필 등이 포함된다.

SMK는 A4 용지 1~3장 정도로 간략하게 작성한다. 특허권을 장황하게 설명하기보다는 수요자에게 기술의 핵심 내용을 전달하여 관심을 끌어내는 데 목적이 있기 때문이다.

글로 작성된 특허권의 특성으로 인해 발생하는 검증 시간을 줄이기 위해 SMK 제작과 함께 시제품을 미리 만들어 홍보하는 것도 좋은 방법이다. 실제로 동작하는 시제품을 보고 기술을 확인한다면, 마트에서 물건을 보고 구매하는 것과 비슷한 효과를 가져다줄 수 있기 때문이다.

또 특허 기술의 성능을 검증한 공인 성적서를 제시하면, 특허권을 제품에 적용하면 얼마만큼의 효과를 발휘할지 가늠할 수 있으므로 미리 공인 성적서를 발급받는 것도 특허권 거래 성사에 도움이 된다.

적절한 공간에서 홍보하기

SMK를 작성하면 다음 단계로 특허권을 홍보할 수 있는 장소를 찾아야 한다. 홍보 장소는 여러분의 기술을 살 사람들이 있는 장소가 가장 적합할 것이다. 홍보할 수 있는 장소는 오프라인 공간과 온라인 공간으로 나뉜다.

오프라인 홍보 장소는 기술 거래 장터, 기술이전 중개 행사, 기술 전시회, 투자 유치회 등이다. 지방자치단체나 발명 진흥 기관(한국발명진흥회 등)에서 추진하는 개인 발명 지원 사업의 도움을 받을 수 있고, 개인적으로 기술 전시회를 찾아다니며 오프라인 마케팅을 할 수도 있다.

온라인 공간의 경우 국가 지식재산 거래 플랫폼(www.ipmarket.or.kr), NTB기술은행(www. ntb.kr) 등에 SMK를 올려 홍보할 수 있다.

장소를 찾아 직접 홍보하기 힘들다면 기술이전을 전담하는 기술 거래 중개 기관을 활용하는 것도 한 가지 방법이다. 기술 거래 중개 기관은 이미 기업이 필요한 기술을 파악하고 판매 대상 특허권을 누구에게 홍보해야 할지 가늠할 수 있으므로 보다 수월하게 특허권을 판매할 수 있다. 물론 중개 기관을 이용하면 거래 중개 수수료가 발생할 수 있다.

기술 판매 후의 제품 구현 지원

특허권 거래는 마트에서 물건을 사듯 한 번에 계약이 이루어지는 경우가 드물다. 여러 번의 회의를 거친 후 특허권을 사고자 하는 기업이 해당 특허권에 돈을 지불할 가치가 있다고 판단해야 계약이 이루어진다. 또한 거래가 완료된 후에도 제품을 만드는 과정에서 발생할 수 있는 여러 어려움을 같이 해결해주는 사후 자문도 특허권을 구매한 기업에 제공하는 것이 일반적이다.

이처럼 글로 표현된 특허권의 특성으로 인해 일반 제품 판매와는 사뭇 다르게 거래가 이루어지는 것이 특허권 거래의 특징이다. 이 점을 잘 파악하고 체계적으로 준비하여 특허권을 판매한다면 더 좋은 결과를 얻을 수 있을 것이다.

03

특허 괴물이란 무엇인가

생활 속에서 다양한 매체를 통해 '무형자산'이란 말을 들어본 적이 있을 것이다. 말 그대로 형체가 없는 자산을 말한다. 특허를 포함한 지식재산권은 대표적인 무형자산 중 하나다.

기업의 자산은 유형자산과 무형자산으로 나뉜다. 과거에는 무형자산보다 땅이나 공장 등에 해당하는 유형자산의 비중이 훨씬 높았다. 그러나 시대가 변하여 현재는 글로벌 기업을 중심으로 무형자산의 비중이 점점 높아지고 있다.

영국 브랜드 컨설팅 업체 브랜드파이낸스의 자료에 따르면, 윈도우로 유명한 미국 마이크로소프트사의 경우 2021년 기준 총기업 가치 약 2조 2천 달러 중 무형자산 가치는 약 1조 9천 달러로 총기업 가치 대비 90%에 육박했다. 국내 기업인 삼성전자도 총자산 4,310억 달러 중 1,200억 달러가 무형자산 가치일 만큼 비중이 상당하다.

이제는 '기업의 가치를 무형자산이 좌지우지한다'라는 말이 당연시되기에 이르렀다. 이렇게 무형자산이 중요해지면서 이를 활용한 새로운 기업 형태가 등장했다. 바로 특허권을 사들이는 회사다. 이런 기업은 특허권을 사들인 후, 해당 특허권을 사용하는 기업을 대상으로 특허권 침해 소송을 함으로써 수익을 얻는 방식으로 매출을 올린다.

이를 흔히 NPE(Non Practicing Entity, 제품을 만들지 않고 특허권만 가지고 운영하는 회사)라고 한다. NPE 중 특별히 특허권을 악의적으로 활용하는 기업을 '특허 괴물'이라고 부른다. 최근에는 특허 괴물들이 국내 대기업을 비롯하여 중소·중견기업까지 공격하는 사례가 많아지고 있다.

특허 괴물의 가장 큰 사업 모델은 특허권만 가지고 상품은 별도로 만들지 않는 것이다. 제품을 만들어 판매하지 않아 누구로부터도 특허권 침해 공격을 받을 일이 없으니 보유한 특허권으로 다른 기업을 마음껏 공격할 수 있다. 정말로 괴물 같지 않은가?

이렇듯 무형자산의 중요성이 커지면서 다양한 종류의 기업이 탄생하고 있고, 이로 인한 여러 비즈니스 위험들이 생겨나고 있다. 위험이 도사리고 있는 비지니스 환경에서 여러분이 기업 대표라면 어떤 선택을 하겠는가? 특허권을 다양하게 확보하는 동시에 판매 제품에 위협이 될 수 있는 다른 특허가 있는지를 항시 모니터링하여 잠재 위험을 줄여나가는 것이 최선일 것이다.

04

특허출원서에는 어떤 정보를 담나

특허출원서에서는 다음과 같은 정보를 확인할 수 있다. 특허의 주요 관리 항목은 크게 번호, 상태, 사람(기업), 날짜, 발명 내용으로 구분되며, 각 항목은 기술 동향 분석, 경쟁자 특허 분석, 신제품 리스크 분석 등에 활용할 수 있다.

특허의 주요 관리 항목(정보 검색 시 개별 검색 기능 항목으로 사용, ★는 중요 정보)

– 특허 번호

- 특허출원 번호(특허를 출원할 때 부여되는 번호)
- 특허공개 번호(특허가 공개될 때 부여되는 번호)
- 특허등록 번호(특허가 등록될 때 부여되는 번호)

- 특허 상태 정보

  · 특허 번호에서 확인하는 방법(특허 번호 끝에 표시되는 알파벳 A→특허 출원 상태, B→특허등록 상태)

  ★ 법적 상태 정보에서 확인(공개, 등록, 취하, 소멸, 포기, 무효, 거절로 표시)

- 사람이나 기업에 대한 정보

  ★ 출원인(특허출원을 한 사람이나 기업명)

  ★ 권리자(현재 특허 권리를 가진 사람이나 기업명)

  · 대리인(특허출원서를 대신 작성해주는 사람 또는 특허 사무소 이름)

  ★ 발명자(실제로 발명한 사람)

- 날짜에 대한 정보

  ★ 출원일(특허를 출원한 날, 심사 기준이 되는 날)

  · 등록일(특허가 등록된 날)

  · 공개일(특허가 공개된 날)

  ★ 우선일(가장 먼저 특허출원서가 접수된 날. 특허는 기존 특허에 내용을 더해 다시 출원할 수 있다. 최초 특허출원한 날을 의미한다.)

- ★ 패밀리 정보(특허출원서와 관련된 다른 특허 번호, 주로 해외 특허)

- ★ 인용 문헌 정보(심사관이 심사를 진행하면서 조사한 발명 내용과 유사한 문헌 정보)

* 발명의 주요 내용

- ★ 발명의 명칭(발명을 대표하는 이름)
  · 발명의 요약(발명 내용을 요약하여 기술하는 부분)
- ★ 발명의 설명(발명에 대한 상세한 내용. 기존 기술의 문제점, 문제 해결 방안, 기대되는 효과, 상세 발명 내용 등)
- ★ 청구 범위(어떤 권리를 요구하는지를 논리적인 글로 표현한 부분)
- ★ 도면(발명한 물건 또는 제조 방법에 대한 도면을 첨부하는 부분)

05

변화하는 특허 정보

앞에서 '특허의 생애'를 이야기하며 사람의 생애와 비슷하다고 설명했다. 사람이 태어나고 죽듯이 특허도 출원되면서 태어나고 20년이 지나면 소멸되어 죽음을 맞이한다. 또 사람이 주민등록증을 받는 것은 특허가 등록되어 특허권을 받는 것과 유사하다.

여기서는 특허가 생애 동안 어떤 변화를 겪고 어떤 정보가 바뀌는지를 살펴보겠다. 특허 정보에는 바뀌는 정보와 바뀌지 않는 정보가 있다.

바뀌는 정보는 시간이 지나면서 또는 절차가 진행되면서 자연스럽게 바뀌는 정보와 외부 사건에 의해 수동적으로 변하는 정보로 나뉜다. 자연스럽게 변하는 정보는 '특허출원→특허 공개→특허등록 또는 거절→소멸'의 절차에 따라 생성되거나 변경되는 정보다. 특허 공개

날짜와 번호, 특허등록 날짜와 번호, 특허 거절 날짜와 사유, 소멸 날짜, 특허의 현재 상태, 심사 경과 정보 등이 해당한다.

외부 사건에 의해 변하는 정보는 특허 무효 소송 정보, 특허권 거래 정보, 특허 심판 정보, 특허 패밀리 정보 등으로, 의도적으로 발생하는 사건에 따라 변한다.

여기서는 외부 사건에 의해 변화하는 정보 중 '특허권 거래에 의해 변경되는 정보'와 '특허 무효 심판에 의해 변경되는 정보'를 살펴보겠다.

특허권을 판매한 경우의 특허 정보 변화

만약 특허권이 팔리거나 사용료 계약이 체결되었다면 특허 정보가 어떻게 변할까? 주택을 구입할 때와 비슷하다고 생각하면 된다. 집을 사면 집주인이 바뀌고, 국가에서 관리하는 주택 등기부등본에 바뀐 사람의 정보가 기재된다. 이와 유사하게 특허권의 주인이 바뀌면 '특허 권리자'가 새로운 주인이 된다. 이렇게 바뀐 권리자 정보는 '특허등록원부'라고 불리는 별도의 서류에 기록된다.

여러 번 바뀐 특허권의 모든 권리자를 확인하고 싶다면 특허등록원부를 확인하여 과거에 특허권을 가졌던 권리자를 모두 확인하면 된다. 이 정보를 확인하면 특허권이 어떤 기업에 언제 팔렸는지를 알 수 있다. 우리 회사가 판매하는 제품에 쓰일 수 있는 특허권이 경쟁사나 특허 괴물에게 넘어갔다면 특허권을 활용한 공격이 들어올 수도 있으니 각별히 주의해야 한다.

특허권 사용료 계약에 따른 특허 정보 변화

특허권을 파는 거래는 아니지만, 특허권을 사용할 수 있도록 허락해주는 사용료 계약이 이루어지는 경우가 있다. 이 형태의 특허권 계약을 '사용료 계약' 또는 '라이선싱 계약'이라고 한다.

사용료 계약에는 두 가지가 있다. 하나는 해당 기업에만 권리를 부여하고 다른 기업에 권리를 주지 않는 '전용 실시권' 계약이고, 다른 하나는 많은 기업이 특허권을 공동으로 사용할 수 있도록 허락해주는 '통상 실시권' 계약이다.

사용료 계약에 쓰이는 '실시'는 일반적으로 특허권을 사용하여 제품을 생산, 판매하는 것을 말한다. 실시의 개념에는 제품을 영업적으로 사용하거나 대여, 양도하는 것도 포함된다

한 기업에만 특허권 사용을 허용하는 전용 실시권은 더 많은 사용료를 받을 수 있는 계약 종류이다. 전용 실시권으로 계약을 체결하면 관련 정보가 등록원부에 기재된다. 통상 실시권을 허락하는 사용료 계약은 특허 정보에 기입되지 않아 확인하기 어렵다.

특허권이 무효화되었을 때의 특허 정보 변화

기업 간 경쟁이 치열한 요즘은 특허 권리를 주장하는 측과 특허권을 사용하지 않았다고 방어하는 측의 분쟁이 지속적으로 발생한다. 이런 분쟁에서 가장 치명적인 것은 '특허권이 무효화되는 것'이다. 특허권이 무효화된다는 것은 싸울 무기가 없어지는 것이니 치명적일 수밖에 없다.

특허권이 무효화되면 특허 상태가 '등록'이 아닌 '무효'로 바뀐다. 그리고 특허 행정 정보 중 심판 사항에 '어떤 심판 요청이 제기되었는가? 왜 무효화되었는가?'에 관한 정보가 기입된다.

상세정보 | 공개전문 | 심판사항 | 통합행정정보

▶ 심판사항

번호	심판번호(숫자)	심판번호(문자)	사건의표시
1	201 18	201 18	20 특허출원 제01 호

앞에서 언급했지만, 특허권이 무효화되지 않기 위해서는 중요한 특허의 청구항을 풍성하게 구성하고 다양한 유형의 특허를 출원하는 방법이 가장 합리적이다.

06

부당하게 이용하는 특허

기업이 특허권을 의도적으로 악용하면서 생기는 피해 사례가 많이 발생하고 있다. 여기서는 피해 유형을 정리하겠다.

특허출원 상태에서 특허가 등록된 것처럼 홍보하는 사례

특허를 출원만 한 상태에서 특허등록을 받은 것처럼 홍보하는 경우이다. 출원된 특허는 심사 과정을 거치면서 거절될 수도 있고, 애초의 주장에 비해 권리 범위가 좁게 조정될 수도 있다. 심지어 특허를 출원한 후 기업이 자진하여 포기하는 경우도 있다. 실제 심사 과정에서 거절되는 특허도 40% 정도니, 모든 특허가 특허 권리를 가질 수 있는 것은 아니다.

즉, 특허출원은 특허권이 확정되지 않은 불완전한 상태인데, 이 상태에서 특허권을 확보한 것처럼 특허청 마크를 붙여 제품을 판다면 부정행위이면서 위법행위에 해당한다. 이 문제를 해결하기 위해 특허청에서도 단속을 강화하고 있지만, 아직도 부정행위가 많으므로 소비자들의 특별한 주의가 필요하다.

상표권을 특허권처럼 속이는 사례

상표권 획득을 특허권을 받은 것처럼 속이는 경우이다. 상표권은 물건을 식별하기 위한 글자나 도식으로, 기술적 내용이 포함되어 있지 않다. 그런데도 상표권을 특허권인 것처럼 속여 제품에 적용된 기술이 좋은 것처럼 주장하며 판매하는 경우가 있다.

이런 문제에도 불구하고 현실적으로 물건을 살 때마다 관련 사항을 살펴보기는 어렵다. 그러나 최소한 비싸고 귀한 물건을 살 때는 특허의 권리 범위가 확정된 등록 특허인가? 진짜 관련 제품에 적용된 특허인가? 혹시 상표권을 기술이 포함된 특허권으로 속이는 건 아닌가? 등을 확인하는 습관을 들이면 좋을 것이다.

07

아홉 가지 특허 필수 상식

1. 발명품이나 논문에서 멈추면 안 된다. 특허로 이어져야 내 재산이 된다.(PART 1 4절, PART 1 6절)

→ 초·중·고등학생들의 발명품과 대학생, 연구자의 논문은 명예는 얻을 수 있지만 재산이 될 수는 없다. 특허를 먼저 신청하자.

2. 하루라도 빨리 출원하자.(PART 2 2절, PART 1 10절)

→ 나만 생각할 수 있는 아이디어라는 생각을 버려라. 산업이 발전하고 고학력자가 즐비한 현대에는 나보다 빠른 사람이 반드시 있다.

3. 내 기술이어도 미리 공개하는 것은 금물이다.(PART 2 1절, PART 2 2절)

→ 좋은 아이디어라도 논문, 전시회, 공모전 등에 먼저 공개되면 특허등록을

받을 수 없다. 몸이 근질거려도 특허출원부터 하고 논문, 기술 카탈로그 등을 공개하자.

4. 선행 문헌 검색을 통해 특허등록 가능성을 가늠해보자.(PART 2 1절 TIP 2, PART 2 6절)

→ 세상엔 생각보다 많은 정보가 이미 공개되어 있다. 특허 검색 홈페이지, 포털 사이트 등을 활용하여 내 특허 기술과 유사한 특허, 논문 등을 반드시 먼저 검색해보자.

5. 글로 표현하는 특허출원서를 잘 작성해야 한다.(PART 2 4·5절)

→ 내 발명이 아무리 좋아도 글로 잘 작성하지 않으면 무용지물이 될 수도 있다. 청구 범위 작성 방법을 공부하고 특허를 출원하자.

6. 해외 출원 가능 기간은 국내 출원 후 1년 이내임을 반드시 기억하자.(PART 3 10절)

→ 국내 특허 권리는 국내에서만 인정되며, 해외 출원을 하려면 국내 특허출원 후 1년 이내에 해야 한다.

7. 제품을 만드는 기업이 탐내는 특허를 만들자.(PART 3 1·2절)

→ 특허의 가치는 제품으로 만들어 돈을 벌어들이는 것으로부터 창출된다. 기업이 돈을 벌기 위해 군침 흘릴 만한 특허 권리를 확보하자.

8. 활용 가능한 특허 절차를 알아두자.(PART 1 8절, PART 2 2절 TIP)

→ 심사를 빨리 받는 '우선 심사 신청', 심사를 늦게 받는 '심사 유예 신청', 문서 첨부만으로 특허를 출원하는 '임시 명세서 출원' 절차를 기억하고 활용해보자.

9. 금쪽같은 특허 정보를 유용하게 활용하자.(PART 3 7·8·9절)

→ 공개된 특허는 양이 방대할 뿐 아니라 알찬 정보를 담고 있으므로 잘 활용하면 자신의 연구와 사업에 큰 도움이 될 수 있다.

책을 마무리하며

이 책을 끝까지 읽어준 독자에게 먼저 감사의 말을 전한다. 어려운 특허 이야기를 많은 사람에게 쉽게 전하고 싶어서 책을 쓰기 시작했다. 집필하는 과정에서 "역시 너무 어렵다"라고 외치며 회의를 느낀 적도 많았다. 최대한 쉽게 설명하고자 고민한 노력의 결과물이 독자에게 잘 전달되었기를 바란다.

특허는 이공 계열에서 공부하고 있거나 관련 직업을 가진 사람들의 역량을 키워주는 필수적 지식이다. 이 책을 통해 특허의 큰 그림을 쉽게 경험하기를 바란다. 또 문과 계열을 전공하더라도 기본 교양으로 알아두면 좋은 지식이다.

특허는 사람들이 살면서 만들어낸 규칙이다. 그리고 기술은 경제와 경영, 법을 연결하는 고리 역할을 한다. 기술이 급속도로 발달하는 현대에는 특허가 사회에 기여하는 바가 점점 커질 수밖에 없다.

이 책을 완독했다면 특허가 살아 움직이는 이치를 알고 잘 활용할 수 있을 것이다. 이 책에서 자주 언급한 사례와 설명은 그만큼 중요한 개념이니 반드시 기억하기 바란다. 아울러 특허 지식이 필요해지면 다시 한번 책을 살펴보기 바란다.

이제 여러분도 머릿속에 번뜩이는 아이디어가 있다면 주저 없이, 기업이 탐내는 가치 있는 특허로 만들어보자. 가치 있는 특허는 누군가가 지속적으로 찾고 있다. 또한 어디선가 공격이나 방어의 도구로, 홍보 도구로, 자금 조달 도구로 유용하게 쓰이고 있을 것이다.

특허는 돈을 만들어내는 것뿐만 아니라 다른 의미도 있다. 진학하거나 취업할 때, 회사에서 신규 사업을 기획할 때도 특허 지식을 강점으로 삼아 자신을 드러내는 홍보(Public Relations, PR) 도구로 사용해 보자. 자신이 필요한 방법으로 특허를 활용하면 개인의 발전은 물론 우리나라의 산업 발전에도 기여할 수 있다.

이 책을 끝까지 읽어준 독자에게 다시 한번 감사를 전한다.

여러분의 건승을 바라며

김태균